KB104545

가깝고도 먼 일곱 살과 여덟 살

초등학교 생활 적응을 도울 최고의 선물

가깝고도 먼
일곱 살과 여덟 살

김주현, 박효원, 장보현, 황초원

도서출판
수류화개

추천의 글 1

최교진 교육감

(세종특별자치시 교육청)

아이들은 유치원과 초등학교의 경계에서 서로 부드럽게 주고받아야 합니다. 이를 위해 유·초연계교육은 꼭 필요합니다.

다행스럽게 우리 세종시의 선생님들이 현장에서 공부하고 토론하며 실천했던 유·초연계교육에 대한 내용을 책으로 내주신다고 하여 얼마나 반가웠는지 모릅니다.

이 책에는 유치원에서 초등학교로 건너온 아이들에게 '교과서'라는 낯선 책, '수업시간'이라는 정해진 시간표를 어떻게 소개할지에 대한 이야기부터 학부모교육, 유치원 프로그램, 초등학교 프로그램, 유·초협력 프로그램까지 현장에서 필요한 내용을 많이 싣고 있습니다.

유·초연계교육의 개념과 필요성, 그리고 유·초연계교육의 사례와 실천방안 등을 담아주셨습니다.

이 책을 집필해주신 한결초등학교 김주현 선생님, 대평초등학교 박효원 선생님, 한결초등학교 장보현 선생님, 그리고 대평초등학교 황초원 선생님께 칭찬과 격려의 박수를 보냅니다.

현장의 선생님들이 다른 현장의 선생님들에게 정말 도움이 되는 책을 만들어주셨습니다. 세종시의 선생님들뿐 아니라 전국의 선생님들이 꼭 읽어보시기를 권합니다.

선생님 여러분이 바로 전문가입니다. 앞으로도 현장에서 보고 느낀 것, 그리고 공부하고 실천한 것들을 자료로 만들어서 서로 나누었으면 좋겠습니다. 교육의 발전은 유·초·중등학교의 교실에서 만들어지고 교사들의 실천을 통해서 가능하기 때문입니다. 좋은 책을 만들어주신 네 분의 선생님들께 다시 한 번 고마움의 인사를 드립니다.

추천의 글 2

정광순 교수

(한국교원대학교 초등교육과)

어제는 일곱 살, 오늘은 여덟 살! 한 유치원생이 초등학교에 입학한 그날 갑자기 초등학생이 됩니다. 하루 만에 낮 생활을 하는 곳이 유치원에서 초등학교로 바뀌었고, 유치원에서 맏이로 살다가 초등학교에서 막내로 살아야 하는 등 아이들이 놀던 물이 달라집니다. 낯선 공간이 머금고 있는 공기와 소리와 풍경과 사람들, 그리고 아직 몸에 배지 않는 불문율들로 기대와 설렘과 긴장과 걱정을 동반합니다. 그럼에도 불구하고 아주 작고 소소한 일상들을 바꾸어야 하는 중요하고 크고 가치 있는 세계입니다. 이 새로운 세계의 문 앞에 김주현, 박효원, 장보현, 황초원 선생님이 문지기처럼 서서, 유치원 선생님의 손에서 초등학교 선생님의 손을 잡는 그 순간 동안에 일어나는 이야기를 가지고, 아이들과 부모님과 선생님들을 만나려고 합니다. 이 책에서는 이 시기 아이들이 생활하는 기술과 태도와 정보들을 담고 있습니다. 소소하고도 결정적인 여러 가지 이야기 덕분에 이 책을 읽는 사람들은 걱정하는 마음의 온도를 내릴 수 있을 것입니다. 그리고 믿어 보자는 마음의 온도를 높일 수 있을 것입니다.

추천의 글 3

박수미 교육연구관

(한국교원대학교 유아교육원)

"초등학교는 힘들어~, 공부시간은 긴데 노는 시간은 10분 밖에 안 되고, 간식도 안 주고, 딱딱한 의자에 반듯하게 앉아 있어야 되고……." 지금은 대학생인 조카가 초등학교 입학 후 한 말이다. 어른들의 입장에서 당연하다고 생각했던 모든 것들이 일곱 살 아이에게는 무척 어렵고 힘들어서 적응의 노력이 필요했던 것이다. 유치원 교원으로서 30년 이상 일하는 동안 '유·초 연계교육'이라는 말을 너무나 익숙하게 들어왔다. 그러나 해마다 찬바람이 불어오는 계절이 되면 유치원에서는 '초등학교 입학을 앞둔 일곱 살(만5세) 어린이들을 어떻게 지도하고, 학부모님들께 어떤 안내를 해야 하나' 어려운 숙제처럼 고민하였다.

초등학교 선생님들이 1학년을 지도하면서 겪은 경험과 고민을 모아 만든 책 《가깝고도 먼 일곱 살과 여덟 살》을 넘겨보며 속이 펑 뚫리고 시원해 졌다. 유치원에서 교사, 원감, 원장 노릇을 하며 안타까워했던 문제들을 쏙쏙 끄집어낸 사례에 어찌나 공감이 되는지 눈을 뗄 수가 없었다. 무엇보다 반가운 것은 초등학교 선생님과 유치원 선생님들의 입장이 크게 다르지 않고 눈높이가 같다는 것이다. 고민의 지점이 같으니 함께 공감하며 '아이들이 행복한 교육'을 실현할 수 있을 것이라는 희망이 보인다.

이 책을 통해 유치원·초등학교 선생님, 어린 자녀를 둔 학부모님들이 걱정보다는 자신감을 가질 수 있을 것이라 기대된다. 아이들에게서 일어나는 사소한 일부터 교육의 본질을 실현하고 '아이들이 행복한 교육'을 꿈꾸는 교사들의 고민까지 현장에서 일어나는 사례를 교육경험과 인간발달·교육이론 등을 근거로 해결해 나가는 이야기를 담은 이 책이 유치원과 초등학교를 이어주는 튼튼한 징검다리가 될 것이라 기대한다.

"유치원에서 너무 잘해줘서 초등학교 운영하기가 힘들어요." 유치원장으로 있을 때 인근 초등학교 교장 선생님의 말씀이다. 유치원에서 무엇을, 왜 잘해주는지, 1학년을 맞이한 초등학교에서 무엇이 힘든지, 이 책은 공교육 주체로서 유치원·초등학교가 서로를 이해하고, 의미 있고 책임 있는 연계를 이루는 대안을 찾는 데 도움이 될 것이라 생각한다.

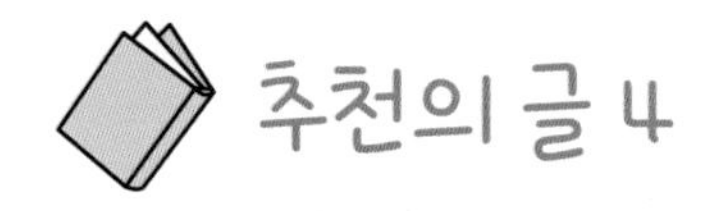

추천의 글 4

최수형 장학관

(세종특별자치시교육청 유초등교육과)

초등학교 입학 시기는 유아기에서 학령기로 접어드는 매우 중요한 시기입니다. 걱정과 두려움 그리고 설레는 마음을 갖고 학생들이 알아야 할 것과 익혀야 할 것이 참 많습니다. 그만큼 유치원과 초등학교 연계 교육은 꼭 필요한 과정입니다. 이번에 발간되는 《가깝고도 먼 일곱 살과 여덟 살》은 처음 초등학교를 입학하는 우리 아이들이 학교의 생활, 학습, 공간, 관계 등 다양한 영역에서 안전하고 빠르게 적응할 수 있도록 돕기 위해 세종시 초등학교 선생님들이 심혈을 기울여 만든 도서입니다. 이 책은 우리 아이들뿐만 아니라 학부모님들에게도 큰 도움이 될 것이라 확신하며, 우리 세종의 아이들 모두가 행복한 학교생활을 하는 데 큰 도움이 될 것이라 굳게 믿습니다. 어려운 여건 속에서도 소중하고 귀한 자료를 만들어 주신 집필진 선생님들께 깊은 감사의 마음을 전합니다.

프롤로그

학교는 힘들어,
유치원으로 돌아갈래!

"1학년은 말이야, 아무것도 모른다고 생각하고 처음부터 알려주면 돼.
그리고 똑같은 말을 백 번 정도 되풀이한다고 생각하면 돼!"

1학년을 맡게 된 첫 해, 여러 해 동안 1학년을 지도한 경험이 있는 선배 선생님께서 해주신 조언입니다. 실제로 1학년 아이들은 학교에 입학하여 공부뿐만 아니라 화장실 가는 법, 신발장 정리하는 법, 복도에서 걷는 법까지 다시 배웁니다. 게다가 금세 잊어버리고 다시 질문하지요. 유치원 선생님은 이렇게 말합니다. 일곱 살 때는 유치원에서 가장 형님 반답게 스스로 척척 잘하는 아이들이었다고요.

일곱 살과 여덟 살, 겨우 한 살 차이인데 유치원 선생님과 1학년 선생님이 보는 아이들이 달라도 너무 다릅니다. 1년 새에 아이들이 다른 사람으로 변해 버린 걸까요?

아이들의 입장에서 생각하면 이해가 됩니다. 공부도, 교실도, 선생님도, 친구들도 모두 낯설고 어렵게 느껴지겠지요. 익숙한 유치원에서처럼 척척 알아서 잘 하는 게 오히려 이상합니다.

'이 자리가 내 자리인가?'

'공부 말고, 유치원에서처럼 노는 건 언제 할 수 있는 거야?'

'가만히 앉아 있기 힘든데, 쉬는 시간은 언제 오지?'

'다 처음 보는 친구들인데 어떻게 친해지지……'

모르는 것도 많고, 아는 것도 끊임없이 확인받고 싶어 다시 질문합니다. "선생님, 신발주머니 이렇게 넣는 것 맞아요?" 단순한 질문 속의 진짜 마음은 '선생님! 이게 맞나요? 저 잘하고 있나요?'겠지요. 궁금한 게 많은 건 다른 친구들도 마찬가지입니다. 하지만 스무 명이 넘는 친구들 속에 계신 선생님께 "선생님, 저 좀 도와주세요."라고 소리 내어 말하기가 망설여집니다. 잘할 수 있다고 다짐하며 마음속을 가득 채웠던 용기가 점점 작아집니다. 이런 경험들이 쌓이고 쌓여 결국 가장 걱정했던 한 마디가 터져 나옵니다.

"학교는 힘들어, 유치원으로 돌아갈래!"

새 학기가 시작되는 3월, 1학년 선생님들은 아이들이 편안하게 초등학교 생활을 시작하고 새로운 환경에 잘 적응하도록 돕기 위해 노력합니다. 3월 내내 이루어지는 입학초기적응교육을 통해 1학년 아이들은 처음 입학한 학교에 대해 알아가고, 새로운 친구, 선생님과 관계 맺는 법을 배워나갑니다.

저희는 1학년 학생들의 학교생활 적응에 관심을 두고 연구하며 세종시교육청 입학초기적응교재를 집필했습니다. 이때 중요하게 생각했던 것은 학교라는 공간이 어떻게 하면 편안하고 즐거운 배움의 장소가 될 수 있을지 아이들의 입장에서 고민하는 것이었습니다. 이 과정에서 아이들이 이전에 생활해왔던 유치원과는 어떤 점이 달라 적응에 어려움을 겪는지, 유치원에서는 무엇을 배우는지 등을 알아볼 필요가 있음을 느꼈습니다.

아이들이 유치원 최고 형님일 때 스스로 잘 해냈던 것처럼 초등학교에서 학습할 때도 아이들에게 익숙하고 또 아이들 각자 자신 있는 방법들과 환경들을 활용하면 더 편안한 마음으로 적응하고 배울 수 있지 않을까요?

대부분의 교육학에서는 7세와 8세를 같은 발달단계로 봅니다. 유치원과 초등학교, 각자의 담을 넘어 분절된 교육이 아닌 일관된 방향으로 가르치고 배우면 더 큰 시너지를 낼 수 있다는 뜻입니다.

여러 유치원 선생님들과 이야기를 나누고 유치원의 생활환경, 교육과정을 살펴보면서 초등교육과 유치원 교육의 다른 점, 비슷한 점을 찾아보았습니다. 다른 점을 통해서는 입학 초기에 적응하기 어려웠던 아이들의 마음을 한 층 더 이해할 수 있었고, 비슷한 점을 통해서는 앞으로의 생활지도와 수업 운영에 도움이 될 아이디어를 얻었습니다.

이를 통해 유·초연계교육이 아이들의 학교생활 적응과 1학년의 한해살이에 많은 도움이 된다는 것을 알게 되었습니다. 이는 1학년 학생들이 더 행복한 교실 생활을 할 수 있도록 하는 새로운 가치의 발견입니다.

유·초연계교육으로 도움을 받을 여러 선생님들과 학생들을 생각하며 저희가 공부한 바를 나누고자 합니다. 1학년 생활이 궁금한 유치원 선생님, 초등학교와 유치원이 어떻게 다른지 궁금한 학부모님들께도 이 책을 추천합니다. 끝으로 많은 도움을 주신 선생님들께 감사를 전합니다.

목차

1부

일곱 살과 여덟 살

유치원과 초등학교의 일과 운영

수업시간에는 제자리에 앉아요

10월 어느 날, 유치원 선생님께서 은수와 친구들이 몇 달 후면 곧 초등학교 1학년이 될 거라고 말씀하셨어요. 그때부터 은수는 '우리가 벌써 초등학교 형님들이 된다는 거지? 초등학교는 어떤 곳일까?' 등등 여러 생각들이 들었습니다.

은수는 누나에게 초등학교는 어떤지 물어보았습니다. "은수야, 초등학교에서는 공부를 많이 해야 해. 수업 시간에는 돌아다니면 안 되고 가만히 자리에 앉아 있어야 해." 은수는 이해가 되지 않아 다시 누나에게 물었지요. "왜 돌아다니면 안 돼? 유치원에서는 내 마음대로 움직이고 활동할 수 있는걸? 초등학교에서는 어떻게 공부해?"

초등학교에 갓 입학한 아이들은 40분 동안 자리에 앉아 있는 것을 힘들어하는 경우가 많습니다. 처음에는 낯선 환경에 긴장하여 자리에 잘 앉아 있는 것처럼 보이지만, 한 시간 두 시간 흘러갈수록 가만히 앉아 있지 못하고 꼼지락꼼지락 움직이기 시작합니다. 자꾸 자리에서 일어나 돌아다니기도 하고, 장난감을 만지거나 공연히 화장실을 왔다 갔다 합니다. 아이들은 왜 자리에 가만히 앉아 있지 못할까요? 특별히 산만하거나 집중력이 떨어지는 아이이기 때문일까요?

그 이유를 유치원과 초등학교 교육환경의 차이에 주목하여 찾아보겠습니다. 먼저, 은수의 하루를 들여다보며 유치원의 일과를 살펴봅시다.

저는 누나랑 8시 20분에 집을 나서서 유치원에 가요. 유치원에 도착하면 신발을 벗고 정리해요. 교실에 들어가면 선생님과 반갑게 인사를 나누고 외투와 가방을 사물함에 정리해요. 오전 간식으로 우유를 마시고 아침 활동으로 제가 좋아하는 책을 읽거나 색칠 놀이를 하거나 종이접기 활동을 해요. 그리고 친구들과 함께 블록을 가지고 뱀 모양으로도 쌓고 지그재그 모양으로도 쌓았어요. "자, 모이세요." 어, 선생님의 목소리가 들려요. 10시가 되었나 봐요. 놀던 장난감을 정리하고 선생님 앞으로 모여요.

선생님께서는 우리가 다 왔는지 확인하시고, 함께 인사를 나눠요. 오늘은 무엇을 할지 말씀해주셨어요. 지금부터는 밖에 나가서 놀 수 있대요! 제가 하루 중 제일 좋아하는 시간이에요! 밖에 나가면 친구들이랑 모래성을 누가 누가 잘 쌓나 시합할 거예요.

'꼬르륵!' "선생님, 우리 언제 점심 먹어요?" 선생님께 여쭈었어요. "이제 정리하고 들어가서 점심 먹어요." 점심을 다 먹고, 이를 닦고 교실로 돌아왔

어요. 동물 그림책을 보고 아까 모래 놀이를 하며 만난 개미를 그려요.

"자, 우리 이제 헤어져야 할 시간이에요. 놀던 장난감은 제자리에 정리하고 모여요."

유치원에 다니는 아이들은 한자리에 앉아 모두 같은 활동을 하기 보다는 스스로 원하는 활동을 선택하여 자유롭게 활동하고, 또 원한다면 언제든 다른 활동으로 옮겨갈 수 있습니다. 같은 놀이 시간이라도 색칠 놀이를 하는 아이도 있고 악기를 연주하는 아이가 있지요. 또 아이가 색칠 놀이를 하다가 블록 쌓기 놀이에 관심이 생기면 블록 쌓기 놀이를 할 수 있도록 허용합니다. 더불어 아이들의 활동 참여도 등을 고려하여 놀이를 충분히 즐길 수 있도록 융통성 있게 활동 시간을 운영합니다.

유치원에 따라 다르지만, 유치원에서는 수업을 진행할 때 매시간 활동 종류 및 내용, 목표를 제시하기보다 아이들 스스로 자유롭게 선택한 활동을 하면서 배울 수 있는 환경을 중요하게 생각합니다. 이때 교사는 아이들이 놀이를 통해 배움을 확장할 수 있도록 아이들이 놀이하는 모습을 잘 관찰해 기록하고, 놀이에 함께 참여하거나 놀이를 지원하는 역할을 수행합니다.

예를 들어, 아이들이 동물도감에 나온 '거미'를 보고 관심을 가져 거미의 모습을 흉내 내고 있다면 교사는 '줄 놀이'를 아이들에게 알려주며 아이들이 '거미줄 놀이'로 관심사를 확장할 수 있게 합니다. 또는 색종이로 거미를 표현하며 거미의 구조를 살펴보도록 아이들을 이끌 수 있습니다. 이처럼 유치원에서는 모든 아이가 함께 참여하는 수업보다는 개별적으로 놀이를 통해 배우도록 지원하는 경우가 많습니다. 그리고 아이들의 집중하는 시간이 짧은 점을 감안하여 함께 참여하는 수업도 거의 30분을 넘기지 않습니다.

이번에는 초등학생인 은수 누나의 하루 일과를 살펴봅시다.

저는 은수랑 아침 8시 20분에 집을 나서요. 은수를 유치원에 데려다주고 저는 초등학교로 가요. 우리 학교는 8시 40분까지 등교해야 해요. 8시 40분부터 9시까지 아침활동 시간이거든요. 우리는 이때 친구들과 반갑게 인사하고 책을 읽어요.

9시가 되었어요. 오늘은 1, 2교시 연달아 국어 수업을 한대요. 자리에 앉아 선생님과 함께 자음을 소리 내어 읽고 허공에 따라 써보았어요. 그런데 자리에 앉아 있는 건 힘들어요. 이런 제 생각이 선생님께 전달되었나 봐요. 이번에는 다 함께 일어나서 자음을 몸으로 표현해 보는 활동을 해요. 친구들과 함께 몸을 움직이며 배우니 재미있어요.

국어 수업이 끝나고 중간놀이 시간이 되었어요. 30분 동안 친구들이랑 놀 수 있어요! 화장실에 다녀온 뒤 친구들과 운동장에서 술래잡기를 하며 놀아요.

3교시가 끝나고 드디어 점심 먹을 시간이에요! 점심 먹으러 가기 전에 손 씻고 줄을 서요. 급식실은 2층에 있어서 계단을 올라가야 해요. 2학년 언니, 오빠들도 보이네요. 점심을 맛있게 먹고 친구들과 놀아요. 점심시간이 끝나고 4교시가 되었어요. 강당에 가서 줄넘기를 해요.

집에 갈 시간이 됐어요! 선생님께서 인쇄해주신 알림장을 공책에 붙여 가방에 넣었어요. 제 자리를 정리하고 인사하고 교실을 나서요.

유치원 하루 일과표

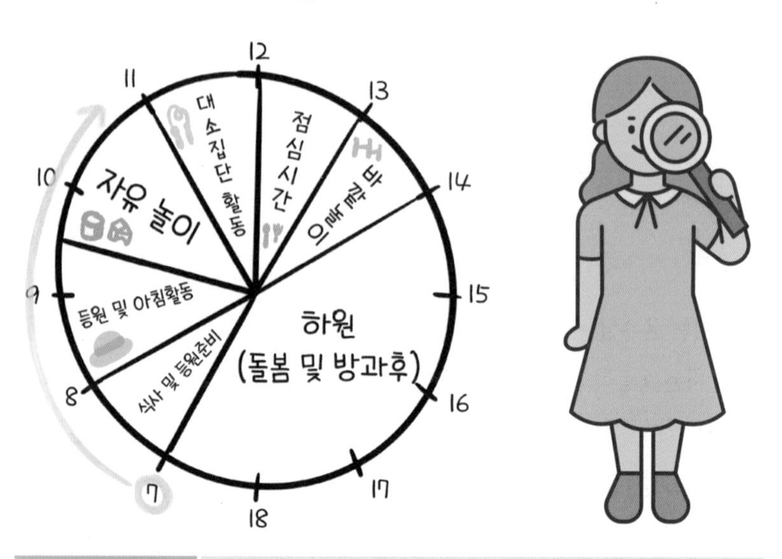

등원 및 아침활동	가방과 옷 정리, 오전 간식, 아침활동(독서, 색칠, 종이접기, 정적놀이 등)
자유 놀이	실내 자유놀이 영역에서 놀이(역할놀이, 쌓기, 수·과학, 음률, 영어, 미술 등)
아침 활동	선생님과 인사 및 출석 확인, 하루 일과 알아보기
바깥 놀이 및 대·소집단 활동	실외 놀이터 및 강당에서 정적, 동적 신체활동
점심시간	점심 식사 및 양치 지도
자유놀이 및 대·소집단 활동	자유놀이, 특별실 활동(강당/블록방/도서관/실내 및 실외 놀이터 등)
하원 지도	하원, 돌봄 및 방과 후 과정 인계

※ 제시된 일과표는 예시 자료로, 유치원의 상황에 따라 다릅니다.

초등학교 하루 일과표

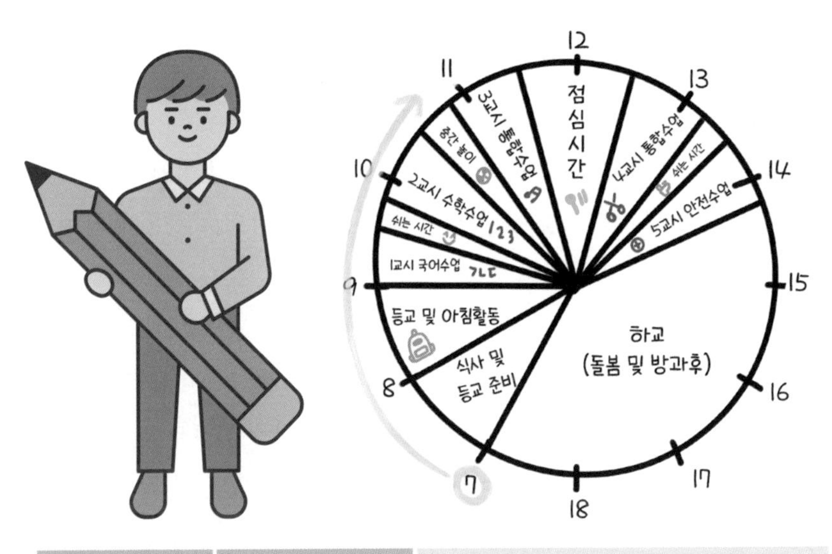

08:30 ~ 08:50	등교 및 아침 활동	교과서 및 서랍 정리, 아침 학급 활동
08:50 ~ 09:00	쉬는 시간	화장실 다녀오기, 수업 준비, 자유 놀이 (보드게임, 종이접기, 술래잡기 등)
09:00 ~ 09:40	1교시	국어 〈자음 ㄱ ㄴ ㄷ를 배워요〉
09:40 ~ 09:50	쉬는 시간	화장실 다녀오기, 수업 준비, 자유 놀이 (보드게임, 종이접기, 술래잡기 등)
09:50 ~ 10:30	2교시	수학 〈1부터 9까지의 수를 알아 보아요〉
10:30 ~ 11:00	중간 놀이 시간	바깥 자유 놀이, 우유 마시기
11:00 ~ 11:40	3교시	통합 〈학교 시설을 둘러 보아요〉
11:40 ~ 12:40	점심시간	급식실 이동 및 식사, 양치 및 청소
12:40 ~ 13:20	4교시	통합 〈봄 놀이를 배워요〉
13:20 ~ 13:30	쉬는 시간	화장실 다녀오기, 수업 준비, 자유 놀이 (보드게임, 종이접기, 술래잡기 등)
13:30 ~ 14:10	5교시	안전한 생활 〈신호등 5원칙〉
14:10 ~	하교	하교, 돌봄 및 방과 후 수업

※ 제시된 일과표는 예시 자료로, 학교의 상황에 따라 다릅니다.

유치원에서는 일정한 시간표가 없는 반면에 **초등학교의 일과**는 정해진 시간표에 따라 운영됩니다. 일반적으로 매 수업마다 끝남과 시작을 알리는 종이 울려 40분 수업 시간과 10분 쉬는 시간을 구별하지요.

또 1학년 수업에서는 유치원 때와 비교하여 수업 시간 동안 바른 자세로 앉아 선생님의 설명을 듣고, 배운 내용을 바탕으로 활동에 참여해야 하는 시간이 많아집니다.

예를 들면 국어 시간에는 ㄱㄴㄷ 자음을 읽고 쓰는 방법을 배운 뒤 국어 교과서에 따라 쓰는 활동을 하거나, 수학 시간에는 1부터 9까지의 수를 가르고 모으는 방법을 배운 뒤 관련된 문제를 해결합니다.

원하는 놀이 활동을 충분한 시간 동안 즐길 수 있던 유치원 환경에 익숙해져 있던 아이들이 초등학교에 입학하여 주어진 활동을 수행하고, 그 활동에 참여하기 위한 시간을 지키는 것은 적응이 필요한 과정입니다. 게다가 수업 시간에 자유롭게 돌아다닐 수 없고 제자리에 앉아 있어야 한다니, 답답하게 느껴질 만도 합니다.

이처럼 자유롭게 움직이며 에너지를 발산하고 싶은 아이들의 발달 특성을 고려하여, 1학년 교실에서는 여러 가지 놀이나 표현 활동들을 포함한 활동적인 수업을 진행합니다. 국어 시간에 모음을 배울 때 모음 말놀이 동요를 부르기도 하고 수학 시간에 바둑돌을 직접 세어보며 1부터 9까지의 수 감각을 익히기도 하지요. 바른 생활, 슬기로운 생활, 즐거운 생활을 통합한 통합교과는 아이들의 참여가 중요한 수업인 만큼 주제와 관련된 그리기나 만들기, 직접 체험해 보는 활동 또는 놀이 활동들이 많습니다.

화장실은 정해진 시간에 가요

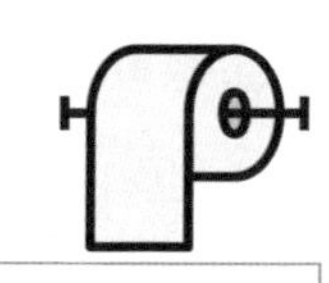

"선생님, 화장실 다녀와도 돼요?" 지후가 수업 시간 중 손을 들어 묻습니다. 학기 초에 선생님께서 "쉬는 시간에는 친구들과 놀기 전에 화장실부터 꼭 다녀오세요. 만약 수업 중에 신호가 오면 선생님께 말하고 다녀오세요." 라고 말씀하신 것이 생각났기 때문입니다. 그런데 참 이상하게 쉬는 시간에는 신호가 전혀 오질 않다가 수업만 시작하면 오는 신호에 괜스레 선생님의 눈치를 살피게 됩니다.

앞서 살펴본 대로 **초등학교**에서는 40분의 수업 시간과 10분의 쉬는 시간, 그리고 보통 20분에서 30분 정도의 중간놀이 시간을 가집니다. 특히 쉬는 시간은 친구들과 놀고, 개별적으로 편히 쉬기도 하는 시간이지만, 다음 수업을 준비하는 시간으로 활용합니다. 다음 수업에 필요한 교과서와 공책을 준비하고, 닳아서 뭉툭해진 연필을 깎아 둡니다. 미리 화장실에 가서 볼일을 보기도 하지요. 수업 중에 화장실을 가서 선생님의 안내나 설명을 놓치지 않기 위해서입니다. 이는 정해진 시간을 계획에 맞게 나누어 쓰는 연습이 되기도 합니다.

하지만 이것은 갓 초등학교를 입학한 친구들에게는 쉽지 않은 일입니다. **유치원**에서는 이와는 전혀 다른 일과를 보냈기 때문입니다. 수업 시간과 쉬는 시간이 뚜렷하게 구분되어 있는 초등학교와 달리, 유치원은 활동 시간과 쉬는 시간이 뚜렷하게 구분되어 있지 않습니다. 유치원의 자유로운 놀이 환경에서는 중간에 화장실을 가더라도 선생님의 설명을 놓칠 염려가 없고, 화장실을 가고 싶을 때는 언제든지 갈 수 있습니다. 그러니 초등학교에 입학해서 사신의 욕구를 조절해야 하는 상황이 아이들에게는 익숙하지 않아 어렵게 느껴질 수 있습니다.

간식 시간이 없어졌어요

"선생님 점심 언제 먹어요?"

"선생님 배고파요."

"초등학교에서도 간식 줘요?"

초등학교 1학년 학급의 아이들은 점심시간이 되기도 전에 배고프다는 말을 하곤 합니다. '한창 성장기라서 그런가?'라는 생각을 하던 선생님은 유치원 생활의 이야기를 듣고는 아이들이 자주 배고프다고 말하는 이유를 알게 되었습니다.

유치원에는 간식 시간이 있습니다. 유치원마다 조금씩 다르지만 오전 간식과 오후 간식 시간으로 나누어져 있는 편입니다. 유치원의 성장기 아이들에게는 충분한 영양 공급이 중요한데, 아직 소화 능력이 충분히 발달하지 않아 식사 이외에 간식을 통한 영양 섭취가 필요하기 때문입니다.

하지만 **초등학교**에는 간식 시간이 따로 없습니다. 아침을 먹고 등교하면 중간 놀이 시간 때 우유 급식 희망자만 우유를 마시고 이후 점심시간 때 점심을 먹습니다. 그 시간을 제외하고는 음식을 따로 먹을 수 있는 시간은 정해져 있지 않지요.

학교에도 간식을 가져와 먹으면 안 될까요? 대부분의 학교에서는 이를 금하고 있습니다. 학교의 관리 하에 제공되는 음식이 아니라 아이들이 개별적으로 관리하여 섭취하는 간식은 변질의 위험이 있기 때문입니다. 그러므로 학기 초 학부모님께 유치원과 초등학교의 간식 시간 차이를 알려드리고 아침을 든든하게 먹고 오는 것이 중요함을 강조하고 있습니다.

2 유치원과 초등학교의 배움

교과서가 생겼어요

"선생님! 이 책으로 공부하는 건가요?" 처음 교과서를 받은 수아는 신나는 목소리로 선생님에게 묻습니다. 선생님께서는 국어, 수학, 봄, 안전한 생활이라고 적힌 책을 들고서 "앞으로 우리는 이 교과서를 이용해서 공부할 거예요. 잃어버리지 않도록 이름과 번호를 지워지지 않는 펜으로 적으세요."라고 말합니다.

새 책으로 공부한다는 마음에 들뜬 수아가 초롱초롱한 눈빛으로 교과서를 요리조리 살펴보고 있습니다. 국어 교과서에는 한글을 읽고 따라 쓰는 것이 있고, 재미있을 것만 같은 이야기들이 많이 적혀 있습니다. 수학 교과서에는 1부터 9까지 수들이 보입니다. '봄'이라는 교과서는 예쁜 꽃들도 그려져 있고 면봉으로 그림을 그리는 방법도 나와 있어요. 안전한 생활 교과서에는 지켜야 할 규칙들이 그림으로 그려져 있네요. 수아는 교과서를 받으니 진짜 초등학생이 된 것 같아 설레기도 하고 기대가 되는 듯합니다. 하지만 옆에 앉아 있는 짝 두진이는 근심이 가득한 표정입니다. "우리 형이 교과서로 공부하는 것 되게 어렵대!" 두진이의 말을 들으니 수아의 설레는 마음에도 슬그머니 걱정이 피어오릅니다.

유치원의 누리과정은 초등학교 교육과정과 달리 성취기준이나 교과가 정해져 있지 않습니다. 그래서 초등학교에서 볼 수 있는 '교과서'와 같은 주된 교재가 없습니다. 유치원에서는 교과 공부가 아니라 놀이가 중심이기 때문입니다. 놀이를 중심으로 유아들이 자신의 흥미에 따라

| 대집단활동 - 윷놀이 |

| 소집단활동 - 자유 미술 활동 |

| 바깥놀이 - 물, 모래 놀이 |

| 바깥놀이 - 낙서 놀이 |

놀잇감을 선택하고, 그것을 가지고 놀이를 하며 전인적 발달이 이루어질 수 있도록 합니다.

즉, 유치원에서의 공부는 선생님과 함께 교재에 있는 내용을 학습하는 형태로 이루어지지 않습니다. 대신에 놀이 중심 교육과정으로 운영하며 유아들이 자신의 개별능력 변화에 초점을 두고 다양한 놀이의 형태로 배울 수 있도록 합니다.

구체적으로 살펴보자면 유치원의 교육 활동은 대·소집단활동, 바깥놀이, 자유놀이 등이 있습니다. 대·소집단활동에서는 학생들이 대집단 또는 소집단으로 모여 다양한 활동을 합니다. 그리고 바깥놀이와 연계하여 바닥에 분필로 낙서 놀이를 하거나 놀이터에서 모래 놀이를 할 수 있습니다.

자유놀이는 유아들이 교실에서 다양한 종류의 놀잇감을 가지고 악기 놀이, 미술 놀이, 쌓기 놀이, 과학 놀이, 언어 놀이 등 여러 영역별로

| 자유놀이 - 블록 쌓기 |

| 자유놀이 - 색 혼합 활동 |

자신만의 놀이를 하는 것을 말합니다. 자유놀이 시간이 주어졌을 때, 교실에 있는 교구들을 꼭 사용하거나 특정한 놀이를 할 필요는 없습니다. 대신 '자유놀이'라는 말 그대로 아동 자신의 흥미, 취향에 맞게 자유롭게 하고 싶은 놀이를 하면 됩니다. 영역별로 놀이 구역을 정해두고 영역 내에서 놀이를 선택할 수 있도록 안내하여 영역별로 골고루 발달이 이뤄지도록 하는 경우도 있습니다. 이러한 자유놀이는 최소 1시간 이상 운영되는데, 20분씩 끊어서 놀이하기보다는 연속되고 긴 시간 동안 놀이를 할 수 있도록 하고 그날 아이들의 참여도나 집중도에 따라 놀이 시간을 늘리는 등 융통성 있게 운영합니다.

이때 유치원 교사는 관찰 및 기록자, 놀이 지원자, 격려자, 참여자 등의 다양한 역할을 수행합니다. 유아의 놀이를 관찰하고 지원하며 아동 개인의 작은 관심에서 시작된 놀이를 학급 전체의 놀이로 확장하도록 돕기도 합니다. 예를 들어 두세 명이 모여 하던 컵 쌓기 놀이를 확장하면 학급 전체가 참여하는 컵 높이 쌓기 대회가 되기도 하지요. 또한 갈등 및 안전사고가 일어나지 않도록 주의하며 지도합니다.

유아들은 특성에 맞는 놀이를 통해 몸의 다양한 근육을 이용하는 운동능력을 키우고, 자신의 생각을 다양한 재료로 표현하는 예술적 경험을 하기도 하며, 자연에 대한 호기심을 가지는 자연탐구능력과 의사소통 및 사회관계 능력을 자연스럽게 기릅니다.

자유롭고 다양한 형태의 놀이를 통해 배움을 얻었던 유치원을 졸업하고 **초등학교**에 입학한 1학년 학생들은 '교과서'라는 교재를 처음 접합니다. 교과서라는 주된 교재가 생긴 것이 유치원과의 큰 차이라고 볼 수 있습니다.

초등교육과정은 학생들이 국가 수준의 성취기준에 도달하는 것을 목표로 하기 때문에, 학생들은 교과서라는 주된 교재를 가지고 매시간

| 교과서 표지 |

학습 목표를 달성하기 위해 노력합니다. 정해진 시간 동안 정해진 자리에 앉아 선생님의 설명에 따라 활동을 합니다. 유치원에서 한 번도 경험하지 못했던 교과서와 이를 활용한 수업을 낯설어하는 것은 어찌 보면 당연한 일입니다. 낯설어할 1학년 아이들을 위해 교과서는 한글을 몰라도 이해할 수 있도록 글자를 대폭 줄이고 다양한 삽화를 배치했으며, 놀이·활동 중심으로 배울 수 있도록 구성되어 있습니다.

유치원과 초등학교의 국어 수업은 얼마나 다를까요? **유치원**에서는 동화 들려주기나 이야기 나누기와 같은 활동을 통해 언어에 대한 노출을 늘립니다. 하지만 직접적으로 한글 자모음을 가르치는 등의 문자 지도는 하지 않습니다.

반면에 **초등학교** 1학년 국어 교과서는 연필 잡기부터 시작해 한글의

| 유치원 - 그림책 독후 표현 활동 |

| 초등학교 - 한글 자석으로 글자 만들기 |

자음과 모음, 글자의 짜임, 받침 없는 글자, 받침 있는 글자 순으로 체계적으로 한글을 배우도록 구성되어 있습니다. 이때 학생들이 모두 한글을 모른다는 것을 전제로 교과서 속 글자 노출을 최소화하여 듣기와 말하기 중심으로 구성되어 있습니다.

특히 1학기 때는 기계적 암기를 부추기는 무리한 받아쓰기나 일기쓰기는 지양하고, 놀이하며 배울 수 있는 활동을 중심으로 한글을 재미있게 익히게 합니다. 한글 자모음을 배울 때 글자의 형태를 한글 자석 교구를 이용해 만들어 보며 생김새를 익히거나 몸으로 만들어 보는 놀이 활동을 하는 것이 그 예입니다.

다음은 수학 수업을 살펴보겠습니다. 유치원과 초등학교의 수학 수업은 모두 구체물을 통해 수 감각을 익히도록 한다는 점에서 공통점이 있습니다. 하지만 구체물의 종류와 바라보는 시각에 있어 차이를 보입니다.

유치원의 경우 색깔 블록, 수 세기 칩 교구 등 구체물을 주된 요소로 활용하여 자유롭게 만지고 놀면서 학생들이 자연스럽게 수에 대해 다

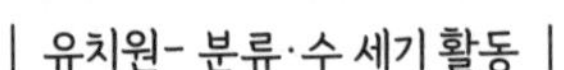
| 유치원- 분류·수 세기 활동 |

| 초등학교- 가르기와 모으기 활동 |

양하고 많은 경험을 할 수 있도록 합니다.

반면, **초등학교**에서는 구체물을 교과서 속의 주요 개념을 이해하기 위한 수단으로 사용합니다. 예를 들면 1부터 9까지의 수를 배울 때 연결큐브를 통해 해당하는 수만큼 만들어보며 수 감각을 익히도록 하거나, 가르기와 모으기를 배울 때 과자를 이용하여 직접 해보며 개념을 익힐 수 있게 합니다.

수학 교과서를 살펴보면 국어 교과서와 마찬가지로 한글을 모르더라도 수를 익힐 수 있도록 다양한 그림 자료를 통해 학생들의 이해를 돕습니다. 개념을 적용하여 푸는 문제도 글의 형태보다는 그림을 통해 직관적으로 상황을 이해하여 풀 수 있도록 구성되어 있습니다. 놀이 중심 교육과정을 운영하는 유치원과의 연계를 위해 '수학은 내 친구', '놀이 수학' 코너를 제시하여 놀이와 활동 중심으로 수학을 재미있게 배울 수 있도록 한 점도 살펴볼 수 있습니다.

통합 교과의 수업은 여러 교과목 중 유치원과의 연계가 가장 뚜렷하게 드러납니다. 유치원에서는 생활 주제를 중심으로 놀이하는 활동이 주를 이룹니다. 예를 들어 계절과 관련하여 봄에는 신체 표현으로 나비가 되어보는 활동을 하거나 봄꽃 관찰 활동을 합니다. 여름에는 여름의 생활 모습이 담긴 동화를 들려주고 이에 대해 함께 이야기를 나누거나 미술 활동을 합니다.

초등학교에서도 유치원과 같은 맥락으로 사계절을 주제로 한 《봄》, 《여름》, 《가을》, 《겨울》 통합 교과서가 있습니다. 이 통합 교과는 학생들의 여러 가지 생활 경험이 모여 한 주제를 이루고, 그 주제를 토대로 바른 생활, 슬기로운 생활, 즐거운 생활 교과를 통합하여 활동할 수 있게 구성되어 있습니다.

유치원과 다른 점은 초등학교 통합 교과는 교육과정의 성취기준에 의해 구성되어 있다는 점입니다. 예를 들어 성취기준* '[2즐02-01] 봄의 모습과 느낌을 창의적으로 표현한다.'에 따라 봄 생활과 관련된 노래를 부르거나 봄에 볼 수 있는 다양한 모습을 자유롭게 표현하는 미술 활동을 합니다. 하지만 학생들의 생활에서 주제를 찾아 놀이나 체험 중심의 활동을 한다는 점은 유치원과 비슷하다고 할 수 있습니다.

마지막으로 요즘 특히 중요성이 강조되고 있는 안전교육을 살펴보겠습니다. **유치원**에서는 학교 안전 교육의 7대 표준안(생활안전, 교통안전, 폭력 및 신변안전, 약물 및 사이버중독, 재난안전, 직업안전, 응급처치)을 중심으로 놀이 프로그램이나 역할극, 동영상 자료 등을 통해 올바른 생활 습관과 사고 예방에 대한 내용을 배우고 있습니다.

초등학교 안전교육의 내용적인 측면은 앞서 설명한 유치원의 안전교육과 비슷하지만 안전한 생활이라는 교과서를 활용하여 교육이 이루어진다

* 성취기준 : 학생들이 교과를 통해 배워야 할 내용과 이를 통해 수업 후 할 수 있거나 할 수 있기를 기대하는 능력을 결합하여 나타낸 수업 활동의 기준이다.

| 초등학교 - 구명조끼 실습 활동 |

| 초등학교 - 소화기 사용법 실습 활동 |

는 점에서 차이를 보입니다. 창의적 체험활동 시간 중 '안전한 생활' 교과서를 활용해 4대 안전(생활안전, 교통안전, 신변안전, 재난안전)에 대해 배우며, 1-2학년에 걸쳐 64시간을 이수하도록 교육과정에 제시되어 있습니다.

아이들은 안전한 생활 수업을 통해 안전에 대한 개념을 익히고, 동영상 자료를 통해 실제 상황을 간접적으로 경험합니다. 또한 역할 놀이를 하거나 안전체험교실을 이용하는 등 학생들이 안전사고 상황을 체험하고 적절한 대처 행동을 실습할 수 있도록 합니다.

한글, 처음 배워요

유치원에서는 유아들이 자유로운 놀이 활동을 통해 배움이 일어나도록 합니다. 따라서 '한글' 문자 자체에 흥미를 느낄 수 있는 활동으로 구성합니다. 예를 들어, 한글에 관심을 가질 수 있도록 그림책을 읽어주거나 한글 자모음 자석 교구들을 준비하여 친숙해지도록 합니다. 일상생활에서 한글을 접하며 관심을 가지는 유아들은 먼저 궁금한 글자를 쓰는 방법을 묻기도 합니다. 그러면 그 글자를 적어 보여주고 아

| 유치원 - 벽돌블록으로 글자 만들어 보기 |

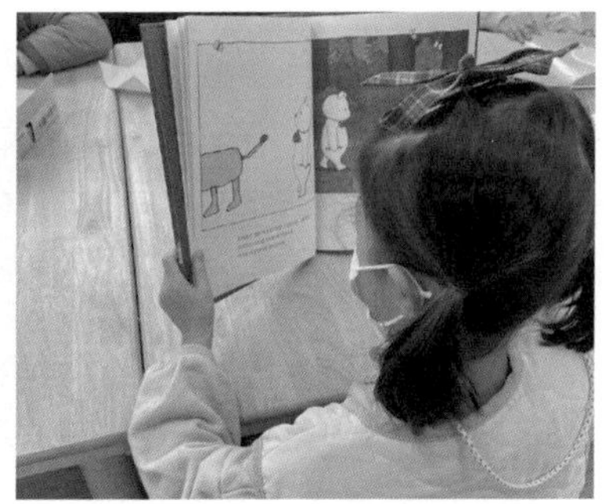

| 유치원 - 좋아하는 그림책 읽기 |

이는 그것을 보고 따라 그리듯이 글자를 적습니다. 다만 유치원에서는 본격적으로 한글 자모음의 이름을 배우거나 읽고 쓰는 활동과 같은 한글 교육을 따로 하지는 않습니다.

유치원 졸업과 초등학교 입학이 다가올수록 척척이반 담임 선생님은 고민이 생겼습니다. 정말로 한글을 모른 채로 초등학교에 가도 되는 걸까요? 학부모님들께서도 아이들이 초등학교 학습에서 뒤처지진 않을까 하는 걱정에 부쩍 한글 교육과 관련하여 상담을 요청하시곤 합니다.

"초등학교에 가면 당장 교과서로 공부할 텐데 교과서 속 글씨는 어떻게 읽지요? 혹시 우리 아이만 글을 읽거나 쓸 줄 몰라서 학습 격차가 생기진 않을까요? 수학도 문제에 있는 한글을 알아야 풀 텐데 걱정이에요."

"어머님, 초등학교에 입학하면 한글을 차근차근 알려준대요. 한글을 모르더라도 선생님께서 말씀하시는 걸 잘 들으면 충분히 이해할 수 있다고

하니 너무 걱정 마세요."

하지만 그렇게 말하면서도 걱정이 되는 것이 사실입니다. 정말 유치원에서 가르치지 않아도 우리 아이들이 초등학교에 가서 잘 적응할 수 있을까요? 우리 척척이반 아이들만 한글을 모르고 입학해서 학습에 뒤처지는 건 아닌지, 우리 아이들이 위축되고 자신감을 잃을까 봐 걱정입니다.

초등학교 입학을 앞둔 아이들을 가르치고 있는 7세 반 담임 선생님들은 아이들의 한글 교육에 대한 관심이 무척 많고 또 걱정도 많습니다. 입학 초 유아들의 성공적인 학교생활 적응이 중요하다고 들었는데 한글을 몰라 어려움을 겪을까 봐 염려되기 때문입니다.

이러한 걱정이 해소될 수 있도록 **초등학교**에서는 '한글 책임 교육'을 시행하고 있습니다. 입학하는 학생들이 한글을 전혀 모른다는 전제하에 초등학교에서 책임지고 한글 해득을 할 수 있도록 지원하는 것입니다. '한글 책임 교육'은 유아들의 자유로운 놀이 활동을 권장하고 한글 선행 학습의 부담을 없애 모든 아이들이 평등한 출발선에서 학습을 시작할 수 있도록 돕기 위해 도입되었습니다.

구체적으로 살펴보자면 2015년도 교육과정이 도입되며 한글 교육 시수는 기존 수업 시수에 비해 2배 이상 늘어났고 한글 모음, 자음 등을 체계적으로 교육할 수 있도록 국어 교과서를 구성하였습니다. 끝말잇기, 초성퀴즈, 찢기 빙고 등의 놀이를 활용해 한글에 대한 부담을 줄이고 즐겁게 배울 수 있게 합니다. 그리고 '찬찬한글'이라는 학습 자료를 제작, 배포하여 학생들을 지도하는 데 활용할 수 있게 하였습니다.

1학년 교과서는 교사가 글자를 읽어 줄 것을 전제하여 만들어졌지만, 그것을 감안하더라도 기존 수학 교과서에는 지나치게 한글 비중이 많은 서술형 문제가 제시되거나 스토리텔링으로 구성되어 있다는 문제가 제기되기도 했습니다. 이러한 의견을 반영하여 아이들이 개념 및 문제를 쉽게 이해할 수 있도록 그림과 기호의 비중을 더욱 늘려 수학 교과서를 개편하였습니다.

| '찬찬한글' 교재 |

그리고 1학년 1학기에는 받아쓰기, 알림장 쓰기, 일기 쓰기 등을 지양합니다. 교육부에서는 '한글 또박또박'이라는 웹 기반 한글 학습 지원 프로그램을 도입하여 학생 개인별로 한글 해득 수준을 진단할 수 있는 환경을

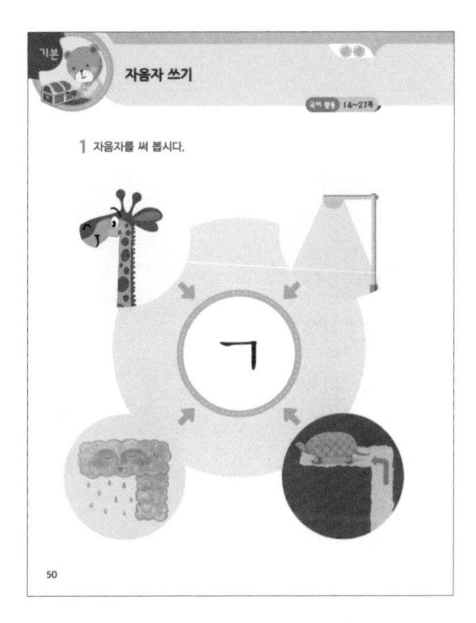

| 국어 교과서 내 한글 교육 |

| 그림, 기호로 구성된 수학 교과서 |

조성했습니다. 이 프로그램을 활용하면 개별 학생에게 필요한 도움을 직접 파악하고, 수준별 맞춤 교수 학습 자료와 정보를 제공할 수 있습니다.

이렇게 1학기 동안 한글을 열심히 공부한 뒤 학습 결과를 진단하여 한글 미해득 학생 현황을 파악합니다. 진단 결과, 한글을 익히는 데 많은 시간이 필요한 학생들을 위해 개별 수준에 맞는 맞춤형 수업을 진행합니다. 방과 후 담임 선생님의 개별 지도나 교육청 차원에서 한글 해득을 지원하는 다양한 프로그램을 통해 한글 미해득 학생의 한글 해득을 돕습니다.

그러니 초등학교 입학 전에는 한글 교육에 대한 부담을 내려놓고, 놀이를 통해 아이가 한글에 대해 흥미를 가질 수 있도록 하는 것이 좋습니다.

| 방과 후 일대일 한글 수업 |

| '한글 또박또박' 프로그램 |

3 유치원과 초등학교의 놀이

놀이 시간이 따로 있어요

"친구들과 놀 시간이 없어요."

초등학교에 입학한 서영이는 부모님께 불만을 토로합니다. 친구들과 노는 것을 제일 좋아하는 서영이는 초등학교에 가니 쉬는 시간에 화장실을 다녀오거나 다음 수업 준비를 하면 수업을 알리는 종이 쳐서 친구들과 놀 수 없고, 점심시간에는 그나마 친구들과 놀 수 있기는 한데 밥을 늦게 먹는 날에는 시간이 너무 부족합니다. 유치원에서는 친구들과 노는 시간이 정말 많았는데 초등학교에 오니 부족하게 느껴져 아쉽기만 합니다.

유치원에서 유아들 일과의 대부분은 놀이와 함께 이루어집니다. 자유놀이, 대·소집단활동, 바깥놀이 모두 놀이를 중심으로 이루어지는 활동이 대부분입니다. 특히, 자유놀이와 바깥놀이 시간은 교실의 각 흥미 영역이나 실외 놀이터, 자연물이 있는 텃밭 등에서 유아들이 자신이 원하는 놀이를 마음껏 할 수 있습니다. 누리과정에서도 이를 권장하며 유아들에게 시간을 충분히 주도록 합니다.

대·소집단 활동 시간에는 교사가 계획한 활동인 노래 부르기, 동화책 읽기 등을 같이 모여 합니다. 자유 놀이나 바깥 놀이와는 다르게 교사가 계획한 놀이가 이루어지긴 하지만 정적인 활동보다는 체험 위주의 활동 속에서 배움을 얻도록 합니다.

하지만 **초등학교**에서는, 학생들이 원하는 활동을 자유롭게 할 수 있는 놀이 시간은 각 교시 사이에 있는 쉬는 시간이나 점심시간 뿐입니다.

김정숙, 장혜진(2015)에 따르면, 초등학교 학생들 중 놀이 활동 시간이 충분하다고 느끼는 경우가 과반을 넘지 않는(46.1%)상태이고 놀이 활동 시간의 부족함에 대하여 가장 큰 이유로 놀이 활동 시간이 짧음을 언급(70.3%)하고 있습니다. 학생들은 쉬는 시간 10분이나 점심을 먹고 난 뒤 20-30분을 활용해 자신이 원하는 놀이를 할 수 있지만, 유치원 때에 비해 부족하다고 느낍니다. 쉬는 시간에는 놀이를 하기 전에 다음 시간 교과서를 준비하거나 화장실도 다녀와야 하기 때문이죠.

초등학교에서도 놀이 활동 시간 확보가 필요합니다. 일부 학교에서는 1, 2교시 수업을 블록 타임으로 운영해 보통 2교시 후 30분의 쉬는 시간을 중간 놀이 시간으로 마련해 학생들이 여유롭게 놀 수 있도록 하기도 합니다.

교실에서는 뭘 하고 놀까요?

오전 8시 15분, 평소보다 일찍 초등학교 교실에 들어선 상현이. 몇몇 친구들도 교실에 와 있어 함께 놀고 싶은데 가지고 놀 장난감이 없어 당황했습니다. 유치원에는 교실에 들어서면 바로 좋아하는 장난감을 가지고 놀 수 있었는데, 초등학교에는 유치원 때와 달리 좋아하는 장난감이 없어 심심합니다. 상현이가 제일 좋아하는 벽돌 블록이 있었다면 블록을 갖고 친구들과 성을 쌓으며 놀았을텐데……. 아쉽습니다. 그래서 교실에 있는 그림책을 꺼내 읽기 시작합니다.

딩동댕동~ 1교시 수업이 끝났습니다. 2교시 시작 전까지 10분 동안 자유롭게 쉴 수 있는 시간입니다. 1교시 수학 시간에 사용했던 연결큐브를 가지고 놀아도 되는지 선생님께 여쭈었습니다. 야호! 선생님께서 허락하셨습니다. 상현이와 친구들은 연결큐브로 팽이를 만들어 교실 바닥에 돌리면서 쉬는 시간을 보냈습니다.

유치원과 초등학교 놀잇감의 구비 정도에서 큰 차이를 보입니다. 김정숙, 장혜진(2015)에 따르면, 전체 인원의 70% 이상이 교구나 놀잇감을 개별적으로 사용할 수 있다고 응답한 경우가 유치원·어린이집은 90%, 초등 1학년은 40% 정도로 조사되었습니다. 이처럼 **유치원**에서는 놀이를 강조하는 누리과정 운영으로, 놀이 속에서 유아들의 전인적 발달을 추구하기 때문에 학습을 강조하는 초등학교보다 상대적으로 교구나 놀잇감이 많이 구비되어 있습니다.

유치원 교실로 들어가면 다양한 영역별로 놀이 교구가 구비되어 있는 것을 살펴볼 수 있습니다. 영역은 쌓기 놀이 영역, 언어 영역, 역할 놀이 영역, 미술 영역, 수 조작 영역, 과학 영역, 음률 영역 등으로 구성되어 있습니다.

유아들은 쌓기 놀이 영역에 있는 유니트 블록, 벽돌 블록, 동물모형, 자동차모형 등의 다양한 종류의 모양, 색, 크기, 형태 등의 블록을 이용해 일상생활 속에서 보고 들은 것이나 상상한 것을 자유롭게 구성합니다. 유아는 이러한 쌓기 놀이를 통해 공간 구성력이나 협동 능력, 눈과 손의 협응 능력을 기를 수 있습니다.

언어 영역에는 생활주제 관련 동화책, 언어 교구, 손 인형, 세이펜 또는 소리책, 쓰기 도구 등이 있습니다. 유아들은 손인형을 통해 말하기와 듣기 능력, 쓰기 도구 등을 활용해 쓰기 능력, 동화책을 통해 읽기 능력 등의 의사소통 능력을 기르고 일상생활에서 언어를 즐기는 태도를 배울 수 있습니다.

역할 놀이 영역에는 가족 놀이, 병원 놀이, 가게 놀이 등의 소품이 있어 다양한 역할 놀이를 통해 상상력을 기를 수 있게 합니다.

미술 영역에는 그리기 도구, 종이류, 점토 등이 있어 하고 싶은 미술 활동을 재료에 구애 받지 않고 즐길 수 있습니다.

수조작 영역에는 칠교 놀이, 고누 놀이, 조각 그림 등으로 유아들이 수나 양을 경험하고 감각을 익힐 수 있게 합니다.

과학 영역에는 금붕어, 화분, 씨앗 등의 자연물과 돋보기 등이 있어 다양한 자연환경, 도구 등에 대한 호기심을 가지고 탐구 과정의 즐거움을 느끼게 합니다.

음률 영역에는 노래판, 리듬악기, 스카프 등이 있어 음악을 즐기며 자신의 생각과 느낌을 표현하는 능력을 기를 수 있습니다.

이처럼 유치원에서는 놀이를 교육의 주된 요소로 활용하며, 유아들이 자유로운 놀이 활동을 통해 자연스럽게 관련된 능력을 기를 수 있게 합니다. 더불어 교사 주도의 활동보다는 유아들이 놀이 활동의 주체가 되어 충분한 놀이 경험을 할 수 있도록 합니다.

유치원 교실은 공간적인 측면에서도 유아의 놀이를 돕습니다. 실내뿐만 아니라 실외의 바깥 놀이터 등의 넓은 공간은 유아들의 놀이가 활발하게 일어나도록 합니다. 유아들은 자유롭게 교구장이나 책상 등을 이동하며 놀이에 따라 자신이 필요한 공간을 자유롭게 만들 수 있습니다.

〈 영역별 놀잇감 〉

| 쌓기 놀이 영역 |

| 언어 영역 |

| 역할 놀이 영역 |

| 미술 영역 |

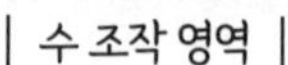

| 수 조작 영역 |

| 과학 영역 |

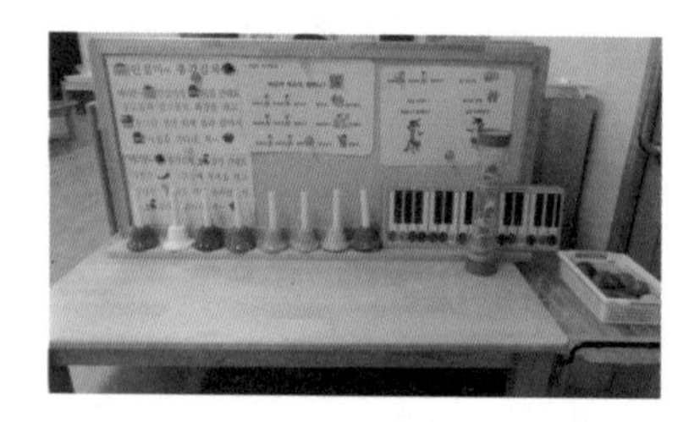

| 음률 영역 |

초등학교에서의 놀이를 살펴보면, 유치원보다 놀잇감, 놀이 공간이 부족하다는 것을 알 수 있습니다. 김정숙, 장혜진(2015)에 따르면, 놀이의 중요성에 대해서는 유치원 교사와 초등학교 1학년 교사가 비슷한 수준으로 인식하고 있지만, 유치원 교사는 수업에 놀이를 매일 적용한다는 응답이 55.0%, 초등 1학년 교사의 경우 1주일에 1–2회 적용한다는 응답이 46.9%로 가장 높아 대조적인 것을 살펴볼 수 있습니다.

이는 누리과정에서는 놀이 그 자체를 강조하며 이를 통한 유아들의 전인적 발달을 목표로 한다면 초등교육과정에서는 즐거운 학습을 위한 수단적인 요소로 놀이를 활용하는 경우가 많기 때문입니다. 예를 들면 수학 시간에 1부터 9까지의 수를 배운 후, 선생님이 외치는 숫자에 맞춰 모이는 놀이를 통해 수 개념을 익히는 놀이를 하는 것이지요.

초등학교에서는 교과학습을 본격적으로 시작하게 되면서 학습적인 요소를 강조합니다. 그래서 주로 학습에 도움이 될 교구가 구비되어 있습니다. 예를 들어, 한글 자석, 한글 쓰기 보드판, 그림책, 수모형, 연결큐브, 바둑돌, 공깃돌 등이 있지요. 아이들은 이를 활용해 수업 시간에 배운 내용을 쉽게 이해하기도 하고 친구들과 쉬는 시간에 가지고 놀며 시간을 보내기도 합니다.

구체적으로 살펴보면, 한글 자석 교구를 활용해 수업 시간에 짝과 여러 가지 글자 만들기 놀이를 하며 한글 자모음을 배웁니다. 또한 개개인의 성장과 발달 정도에 맞는 놀이와 연계한 수학 교구인 연결큐브, 레켄렉 등을 활용하여 수학 수업 시간에 기초 수 개념과 연산 능력을 기릅니다. 이를 쉬는 시간에 블록처럼 활용하여 여러 가지 건물 만들기 놀이, 연결큐브로 팽이를 만들어 놀기 등의 활동을 합니다. 경우에 따라 초등학교 교실에도 여러 보드게임, 도미노, 카프라 등을 구비하고 있지만 학생들이 자발적으로 하고 싶은 놀이를 마음껏 하기에는 놀잇감이 부족한 것은 사실입니다. 그러므로 학습에 필요한 놀잇감 외에도 학생들이 다양하게 활용할 수 있는 놀잇감과 놀이 도구를 제공해 주는 것이 필요합니다.

또한 초등학교에서 놀이 공간은 주로 교실과 운동장입니다. 교실의 대부분이 학생 수만큼 있는 책걸상으로 채워져 있기 때문에 학생들이 자유롭게 움직일 놀이 공간이 부족합니다. 그래서 쉬는 시간이 되면 학생들은 책상을 돌려 모둠 형태로 만들어 서로 이야기를 나누거나 교실 바닥에 모여 앉아 보드게임을 합니다. 운동장에서는 팀을 나눠 축구, 피구 등의 스포츠를 즐기거나 놀이터에서 술래잡기 등의 활동을 합니다.

| 수학 놀이터 |

| 숲 속 놀이터 |

초등학교의 놀이 활동 공간이 충분하지 않다는 점에 공감하여 요즘 공간 혁신을 통해 놀이 공간의 신설 및 확장이 이루어지는 학교도 많습니다. 세종 한결초등학교의 사례를 보면 큰 학교 건물과 넓은 복도라는 공간의 이점을 살려 실내 곳곳에 학생들이 자유롭게 놀 수 있는 놀이공간을 마련했습니다. 원래 이곳들은 작품을 전시하거나 비워두는 공간이었는데 이 공간을 아이들의 놀이를 위한 공간으로 바꾼 것입니다. 바닥에 매트를 깔고 층별로 숲속 놀이터, 수학 놀이 공간 등의 컨셉을 정하고 이와 관련된 교구들을 배치하여 학생들이 자유롭게 놀 수 있도록 했습니다. 뿐만 아니라 건물 사이 빈 공간을 활용해 달팽이, 8자 놀이 등을 할 수 있는 그림을 그려 실외에서도 학생들이 즐겁게 놀 수 있도록 했습니다. 학생들은 이전보다 넓은 공간에서 친구들과 놀 수 있어 재밌다고 말하며 만족도도 굉장히 높았습니다. 이와 같이 초등학교에서도 놀이 활동 기회를 충분히 제공할 수 있도록 교구 및 공간의 개선이 필요합니다.

유치원과 초등학교의 시설

교실에 내 책상과 의자가 생겼어요

"자리에 바른 자세로 앉으세요."

"의자를 당기고 허리를 쭉 펴서 앉으세요."

이제 막 초등학교에 입학한 지후는 입학초기적응교육 중 '바른 자세로 앉기'를 연습하는 중입니다.

"지후야, 수업 중에는 돌아다니지 않고 바르게 앉기로 했지?"

선생님이 알려주신 대로 자세를 바르게 고쳐 앉은 지가 얼마 되지 않은 것 같은데 어느새 몸은 책상과 의자를 벗어나 있습니다. 유치원에 다닐 땐 바

닥에 앉아 생활하고, 내가 원하는 곳에서 마음껏 놀이를 할 수 있었는데, 초등학교에 와보니 선생님이 따로 말씀하지 않는 이상 내 자리에만 앉아 있어야 하는 것이 조금은 답답하고 힘이 들기도 합니다.

유치원에도 기본적으로 정해진 자리가 있지만 초등학교에 비해 자리의 이동이 비교적 자유롭습니다. 특히 자유놀이 시간에는 아이들이 흥미에 따라 스스로 원하는 놀이를 하는 것이 중요하기 때문에 원하는 영역별 장소에서 원하는 시간만큼 자유롭게 놀 수 있고, 마음만 먹으면 언제든지 자리를 옮길 수 있습니다. 놀이를 하며 바닥이나 의자에 앉을 수도 있고 누울 수도 있지요. 물론 유치원에도 선생님과 학생들이 함께 모여 활동을 하는 대집단 활동 시간이 있습니다. 하지만 20분이 넘어가면 드러눕거나 돌아다니는 등 집중력을 유지하기 힘들어합니다. 이처럼 유치원에서 보내는 대부분의 시간은 내가 교실 속 어디에 있을지, 무엇을 할지가 정해져 있다기보다는 아이들이 자유롭게 결정하는 편입니다.

반면에 **초등학교**에서는 각자의 책상과 의자가 정해져 있습니다. 자기 자리 주변의 친구들과 책상, 의자를 움직여 모둠을 이루고 수업에 참여하기도 하지만, 수업 시간에는 자신의 자리를 벗어나지 않는 것이 기본 규칙입니다. 수업 활동에 따른 이동이 아니라면 수업 중에 마음대로 자리를 옮기거나 돌아다니는 것은 수업에 참여하지 않고 다른 친구를 방해하는 행동이 됩니다. 유치원에서처럼 교실 바닥에 눕는 것은 상상하기 어렵지요.

그리고 정해진 '내 자리'는 단순히 앉는 장소를 넘어 생활 영역이 됩니다. 아이들은 자기 자리를 정돈하고 깨끗하게 유지해야 할 책임을 부여받습니다. 또한 개인의 영역을 존중하여 다른 친구들의 자리에 앉거나 다가갈 때는 먼저 허락을 구하도록 합니다.

이처럼 초등학교에 입학하면서 책상과 의자가 생긴다는 것은 아이들의 생활양식에 있어서 매우 큰 변화입니다. 신체를 끊임없이 움직이고 집중하는 시간이 짧은 아이들에게 바른 자세로 앉아 한 곳에 머무른다는 것은 큰 인내와 절제를 요구하는 일이기 때문입니다. 게다가 자신이 책임져야 할 개인의 영역이 생겼다는 것 역시 큰 변화이지요.

숟가락, 젓가락이 커졌어요

"우와! 즐거운 점심시간이다!"

수민이가 학교에서 생활하는 시간 중 가장 좋아하는 점심시간입니다. 선생님의 안내에 따라 줄을 서서 도착하니, 급식실에 사람이 가득합니다. 1학년 친구들만 있는 게 아니라 고학년 형 누나들도 급식 줄에 서서 기다리고 있습니다.

처음 보는 급식실에서 길을 잃을까 봐 내 앞에 선 친구를 열심히 따라가 봅니다. 급식실이 넓고 사람들도 많아 내 자리를 찾아 앉는 게 결코 쉽지 않습니다. 눈을 크게 뜨고 선생님과 친구들을 따라 자리에 겨우 앉았습니다. 이제야 밥을 한 술 뜨려는데, 당황하고 말았습니다.

'젓가락밖에 없네! 젓가락질 잘 못하는데, 포크는 없나?'

유치원과 초등학교의 점심시간은 어떻게 다를까요?

첫 번째, 급식실의 규모가 커집니다. 초등학교의 급식실은 1학년부터 6학년에 이르는 전교생이 함께 사용하기 때문에 일반적으로 유치원 급식실보다 규모가 크고 한 번에 급식실을 이용할 수 있는 인원이 많습니다. 또한 한 학년씩만 급식을 먹는 것이 아니기 때문에 1학년이 아닌 다른 학년들과도 같은 시간에 급식실을 사용하게 됩니다. 급식실의 크기도 커지고, 사람 수도 많아지니 아이들이 자신의 자리를 찾는 것을 어려워하는 경우가 많습니다. 일례로 급식을 먹다가 목이 말라 물을 마시러 급수대에 갔는데, 다시 돌아와 밥을 먹으려니 내 자리를 못 찾고 헤매는 아이들이 더러 있답니다.

두 번째, 식판과 숟가락 젓가락의 크기가 달라집니다. 유치원의 경우 급식실이 있는 곳도 있지만, 그렇지 않은 경우에는 가정에서 가져온 개인 식판과 숟가락, 젓가락 혹은 포크를 사용하여 점심식사를 합니다. 반면에 초등학교에서는 공용 식판과 숟가락, 젓가락을 제공합니다. 이때 초등학교 급식실은 1－6학년 학생들과 선생님들이 함께 사용하며, 사용하는 식판과 숟가락, 젓가락이 모두 같습니다. 유치원 때 자신의 연령에 맞춘 유아용 식판과 수저, 포크를 사용하던 아이들에게는 초등학교에서 사용하는 것들이 크게 느껴집니다. 유치원에서도 유아용 식판을 들고 이동하다가 음식물을 흘리는 아이들이 많은데, 초등학교에서는 식판의 크기가 커지니 아이들이 들고 이동하는 것에 어려움을 겪기 마련이지요. 또한 아직 젓가락질에 미숙하거나 손이 작은 일부 아이들은 젓가락을 한 손에 쥐고 포크처럼 반찬을 찍어서 먹기도 합니다. 그러다보니 음식물을 흘리기 일쑤입니다.

교실이 많아졌어요

희은이는 초등학교에 입학한 지 2주째가 되었습니다. 오늘부터는 학교 수업을 마치고 우쿨렐레 방과 후 교실에 다니기로 했습니다. 음악실에서 수업을 하신다고 했는데 도저히 어딘지 찾을 수가 없습니다. '학교 길 아직 잘 모르는데……. 교실들도 너무 많고 다 비슷하게 보여서 헷갈려!'

초등학교는 유치원보다 크고 교실이 너무 많아 미로처럼 느껴집니다. 어쩔 줄 모르고 복도에 서 있으니 지나가던 선생님께서 다가옵니다.

"친구야, 어느 교실 찾고 있니?"

"음악실이요……."

"1학년이라 아직 길을 잘 모르는구나. 선생님을 따라오렴. 데려다 줄게."

희은이는 안도의 한숨을 내쉬었습니다. 선생님이 데려다주신 덕분에 우쿨렐레 수업에는 잘 도착했는데, 수업을 마치고 나가는 길은 또 어떻게 찾아가지요?

유치원은 주로 교실, 원장실, 교무실, 행정실, 돌봄 교실, 특별실, 강당, 도서실, 보건실, 급식실, 화장실 등으로 이루어져 있습니다. 유치원의 규모에 따라 교실의 종류와 일반 교실 수가 조금씩 차이는 있겠지만 보통은 이와 비슷합니다. 초등학교도 유치원과 교실의 종류(교실, 교장실, 교무실, 행정실, 돌봄 교실, 특별실, 강당, 도서실, 보건실, 급식실, 화장실 등)는 비슷합니다. 다른 점은 학급 교실 수나 학습을 도와주는 특별실의 수가 유치원에 비해 많다는 점입니다.

유치원의 교실을 살펴보겠습니다. 유아들의 자유로운 놀이를 중요하게 여기는 유치원에서는 일반 교실에 쌓기 놀이 영역, 언어 영역, 역할 놀이 영역, 미술 영역, 수조작 영역, 과학 영역, 음률 영역 등 다양한 영역의 놀이 교구들을 구비하고 있어 유아들이 한 교실에서 다양한 영역의 학습을 할 수 있습니다. 또한 블록방, 실내놀이터, 교통공원, 음악실과 같은 특별실이 있어 아이들의 놀이를 지원합니다. 특별실 시간표에 따라 아이들은 블록방과 실내놀이터에서 자유롭게 친구들과 하고 싶은 놀이를 하고, 음악실에서 악기를 연주하거나 교통공원에서 신호 등 교육을 받기도 하지요.

유치원과 비교하여 **초등학교** 교실을 살펴보면, 학습에 필요한 교구를 갖춘 특별실(영어실, 음악실, 과학실, 미술실, 실과실, 컴퓨터실, 신체놀이실, 동아리실 등)의 수가 많아진다는 점을 알 수 있습니다. 교실 내에 학습에 필요한 모든 교구를 준비하기에는 한계가 있기 때문에 특별실에 필요한 교구를 갖춰 전 학년이 함께 사용할 수 있도록 합니다. 예를 들면, 음악실에는 리듬악기, 실로폰, 큰 북, 작은 북, 피아노, 보면대 등을 준비해 1-6학년 음악 시간에 모두 활용할 수 있게 하는 것이지요. 학생 수가 많은 학교의 경우에는 같은 특별실이 2-3개가 있기도 합니다. 특별실은 이렇게 전 학년이 모두 함께 사용하는 교실이라 유치원과 비슷하게 학년·학급별로 사용 시간표를 정해두고 순번에 따라 사용합니다. 배우는 교과목이 국어, 수학, 통합, 안전한 생활로 한정되어 있는 1-2학년보다는 다양한 교과를 학습하는 3-6학년 학생들이 주로 활용합니다. 특별실은 정규 수업뿐 아니라 방과 후 교실 수업에도 활용됩니다. 희은이가 듣는 우쿨렐레 수업과 같은 악기연주 프로그램은 음악실에서, 창의과학만들기, 과학실험부와 같이 과학교구를 활용하는 프로그램은 과학실에서, 캘리그라피, 수채화, 서예 프로그램은 미술실에서 이루어지는 등 수업 내용과의 연계성을 고려하여 활용합니다.

덧붙여 유치원처럼 초등학교에서도 저학년을 대상으로 돌봄 프로그램을 운영합니다. 주로 기존 교실을 그대로 활용하는 유치원과 달리, 초등학교에서는 학급 교실과 별개로 돌봄 전담사가 상주하는 돌봄 교실이 따로 있습니다. 유치원에서도 방과 후 특성화 프로그램을 운영하는데 이는 돌봄과 비슷한 개념입니다. 일반적으로 정규 교육과정이 끝난 후 일반 교실을 그대로 활용합니다.

앞서 살펴봤듯이 비교적 유치원 공간보다 초등학교 공간이 더 크기 때문에 유치원에서의 생활에 익숙한 아이들이 처음으로 초등학교에 왔을 때 당혹스러움을 많이 느낍니다. 더군다나 비슷하게 생긴 교실들이 여럿 있어 길을 잃어버릴까 걱정을 하게 되지요. 초등학교 저학년 학생들은 고학년 학생들에 비해 교실 이동 빈도가 낮지만 등교 및 하교할 때, 또는 방과후 학교 수업에 참여하거나 돌봄 교실에 참여할 때 교실을 이동해야 하기 때문에 이런 걱정을 하는 아이들은 한둘이 아닙니다. 하교 후 길을 잃어버렸다면서 울먹거리며 교실을 찾아오는 아이들이 더러 있거든요. 그래서 입학 초, 아이들이 학교 공간에 익숙해질 수 있도록 돕는 놀이나 활동을 합니다.

5

유치원과 초등학교의 관계 형성 및 의사소통

친구들, 선생님과 잘 지내고 싶어요

"자, 여러분, 지금부터 활동 설명을 시작할……."
"선생님! 제 동생이요, 뭐라고 했냐면요……."
"선생님, 저는요, 저 활동 여섯 살 때 했는데 어땠냐면요……."

가민이와 현수는 선생님과 대화를 하고 싶은 마음에 수업 중에도 불쑥불쑥 자신이 하고 싶은 이야기를 합니다.

"가민아, 현수야! 수업 시간에는 손을 들고 선생님에게 말해주렴. 여러 명이 동시에 이야기하면 선생님이 들을 수가 없단다."

가민이와 현수는 시무룩해졌습니다. '유치원에서는 놀이를 지켜봐 주시는 선생님이 옆에 계셔서 말하고 싶을 때 언제든지 이야기 할 수 있었는데…….' 가민이와 현수도 말할 때마다 손들고 말하기로 약속한 것은 알지만 자꾸 깜빡 잊고 말부터 튀어나옵니다. 게다가 적극적인 우리 반 친구들은 항상 열 명도 넘게 손을 번쩍 번쩍 들어서 차례를 기다리기도 너무 지루합니다.

먼저, 교사와 학생과의 관계에서 의사소통 부분을 살펴보고자 합니다.

유치원에서 교사는 학급 전체를 대상으로 의사소통 하는 것보다, 학생 개별적으로 의사소통을 하는 경우가 많습니다. 그 이유를 살펴보면, 유치원의 일과 중 자유놀이 시간에 교사는 직접 놀이에 개입하는 것이 아니라 유아가 주도적으로 전개하는 놀이를 지원하고 관찰하며 기록하는 역할을 맡기 때문입니다. 따라서 학급 전체를 한 가지 활동으로 이끄는 것이 아니라 한 명 한 명에게 다가가 각자 하고 있는 놀이에 대해 이야기 나누고 확장을 돕는 개별적인 소통이 이루어집니다.

하지만 **초등학교**는 일과 시간의 대부분이 수업 시간이고, 각각의 수업에는 학생들이 도달해야 할 성취기준 혹은 학습목표가 있습니다. 교사는 유치원처럼 아이들의 활동을 지원하고 관찰하기도 하지만 학생들이 학습 목표에 도달할 수 있도록 이끌어 가는 역할을 맡기 때문에 교사와 전체 학급 학생 간 의사소통의 비중이 커집니다.

수업 내용과 관련한 교사의 설명과 발문[**]에 전체 학생이 대답을 하

** 발문 : 질문을 받은 사람이 스스로 다양한 사고를 하면서 답을 찾을 수 있도록 유도하는 질문이다.

거나, 개별 의견이 있을 경우 손을 들고 발언할 기회를 얻어 이야기를 합니다. 누구보다 하고 싶은 말, 궁금한 것이 많은 1학년이기 때문에 손을 들어 말차례를 정하지 않으면 교실이 소란스러워지기 일쑤지요. 또한 수업 중에 전체 학급 학생 간의 의사소통만 이루어지는 것은 아닙니다. 선생님은 수업 중 도움이 필요한 학생과 개별적인 의사소통을 하거나 피드백을 주기도 합니다. 물론 쉬는 시간에는 자유롭게 선생님과 이야기하며 궁금한 점을 재잘재잘 질문하기도 합니다. 덧붙여 이런 1~2학년 학생들의 말하고 싶은 욕구를 해소하고, 학습 활동을 도와주기 위해 교육자원봉사자(조이맘 선생님)가 있는 학교도 있습니다.

이번에는 학생과 학생과의 관계에서 의사소통은 어떨까요? **유치원**에서는 자신이 선택한 놀이를 원하는 친구와 함께 합니다. 그래서 자신과 성향이 맞거나 친숙한 친구와의 의사소통을 하게 되는 경우가 많습니다. 때로는 놀이를 하는 과정에서 친구와 갈등이 생기기도 하지만 이때 교사가 개입을 하여 갈등을 해결하는 데에 도움을 줍니다.

반면, **초등학교**에서는 원하는 친구와 관계를 형성하는 것 이외에도 정해진 자리의 짝이나 모둠, 나아가 반 친구들과 관계를 형성하며 훨씬 많은 친구들과의 의사소통이 이루어집니다. 유치원 때와는 달리 모둠 활동, 짝 토의 등 다양한 친구들과 협동해야 하는 상황이 많아지기 때문에 서로 다른 성향의 친구를 이해하고 의견을 맞춰가는 과정에서 주로 갈등이 일어납니다.

"너랑 게임 하기 싫어!"

시우는 매일 규칙을 지키지 않는 짝 지민이와 활동을 같이 하는 것이 싫습니다. 오늘은 수학 시간에 주사위를 굴려 나오는 숫자만큼 이동해 말판에 쓰인 수학 문제를 맞히면 점수를 획득하는 게임을 하는 날입니다. 규칙대로 해야 하는데, 지민이는 주사위에 굴려 나온 숫자보다 많이 말을 이동시키거나 수학 문제를 틀렸는데도 점수를 획득했다고 우깁니다.

"나도 너랑 게임하기 싫거든?"

지민이는 생각이 다릅니다. 주사위가 책상에서 굴러 떨어져서 다시 굴린 것뿐인데, 시우는 처음 떨어졌을 때 숫자만큼만 가야한다며 이해해주지 않습니다. 아까 수학 문제지도, 답을 잠깐 헷갈렸더라도 다시 써서 맞으면 맞은 거 아닌가요? 시우가 엄격하게 구는 것이 억울하게 느껴집니다.

선생님께서는 수학 문제에 대해 질문을 한 주원이를 도와주시느라 바빠 지민이와 시우가 다투는 모습을 보지 못하신 것 같습니다. 지민이와 시우는 서로에게 화가 나서 게임을 멈추고 책상에 엎드려버렸습니다.

1학년 학생들이 학교라는 새로운 공간에서 적응하면서 다양한 성향을 가진 반 친구들과 좋은 관계를 맺는 것이 쉽지만은 않습니다. 아이들도 부모님들도 학교에서 친구들과 잘 지낼 수 있을지 걱정합니다. 3월 학부모 상담의 첫 질문은 대부분 "우리 아이가 학교에서 친구들과 잘 지내고 있나요?"입니다. 특히 수줍음이 많아 먼저 다가가기 어려워하는 자녀의 성향을 알고 있는 경우에는 더욱 고민이 많으시지요.

담임 선생님도 학교 적응에서 가장 중요한 것이 원만한 친구 관계임을 잘 알고 있습니다. 그래서 입학 초에는 학급 아이들이 건강하게 교우 관계를 맺을 수 있도록 다양한 공동체 친교 활동으로 친구들과 자연스럽게 친해질 기회를 만들어줍니다. 예를 들면, 친구와의 관계 형성을 위해 친구 이름을 익히는 초성퀴즈 게임이나 동그랗게 앉아서 서로를 소개하며 자리를 바꾸는 놀이를 합니다. 또 친구에게 자신의 감정을 올바르게 표현하는 역할 놀이도 하거나, 속상한 마음을 명확하고 부드럽게 표현하고 예의를 갖춰 사과하는 평화대화법을 배우기도 합니다.

유치원 시절에서 한 발짝 나아가 학교에 입학하며 처음 보는 친구들과 다양한 관계 속에서 갈등에 직면하기도 하지만, 이를 해결하는 올바른 의사소통 방법을 배우며 우리 아이들은 새로운 공동체 속에서 한층 성장해 나갑니다.

2부

일곱 살과 여덟 살을 이어주는 징검다리, 유·초연계

1 걱정을 덜어주는 징검다리, 유·초연계

1부에서 살펴보았듯, 유치원과 초등학교는 비슷한 점도 있지만 다른 점도 많습니다. 달라지는 환경 앞에 누구에게나 걱정이라는 감정이 들 것입니다. 입학을 앞둔 아이는 물론이고, 아이를 물가에 내놓은 듯한 학부모님과 유치원 선생님, 적응을 도와주어야 할 1학년 선생님 역시 여러 가지 고민을 합니다. 2부에서는 이들의 걱정과 고민을 알아보고 유·초연계교육이 어떤 도움이 줄 수 있을지 교육과정 속에서 살펴보겠습니다.

새 학기 시작을 앞둔 2월, 새로운 시작에 대한 설렘과 걱정이 함께합니다. 초등학교 입학을 앞둔 7살 아이, 예비 초등학생 학부모, 유치원 7세반 교사, 그리고 초등 1학년 교사의 마음속을 함께 들여다봅시다.

유치원생의 고민

나는 유치원이 정말 좋다. 장난감도 많고, 원하는 놀이도 마음껏 할 수 있는데다가 같이 놀 수 있는 친구들도 잔뜩 있다. 그런데 이제 우리는 유치원이 아니라 초등학교에 가야 한다. 8살이 되어 초등학생이 되는 건 설레고 좋은데, 초등학교는 어떤 곳인지 잘 몰라서 걱정도 된다.

제일 친한 수진이랑 다른 반이 되면 어쩌지? 새로운 친구들과도 친하게 지낼 수 있겠지? 나는 노는 거라면 우리 반에서 1등 할 수 있는데, 학교에 가면 앉아서 공부를 잔뜩 해야 할 것만 같다. 희선 언니가 학교에선 해야 할 숙제도 많다고 했다. 집에서도 하루 종일 공부만 하는 건 아닌지 조금 무섭다. 그리고 사실 나는 아직 한글도 잘 모른다. 덧셈, 뺄셈도……. 수업시간에 틀려서 혼나면 어떡하지?

초1 예비학부모의 고민

건강하고 해맑은 우리 아이를 보면 그저 흐뭇하다가도, 내년에 초등학교에 입학한다고 생각하면 생각이 많아진다. 학교에 가서 잘 할 수 있으려나? 아직 어려서 집중력도 짧은데 학교 의자에는 차분히 잘 앉아 있을지, 선생님 말씀은 잘 따를지 걱정이다. 우리 아이는 자기 전에 그림책 읽어주는 것은 좋아하지만, 한글은 아직 잘 모른다.

1학년에 입학하면 처음부터 차근차근 배운다고 해서 한글을 따로 공부시키지 않았는데, 혹시 우리 아이 말고 다른 아이들은 한글을 다 떼고 오는 건 아닌지 불안하기도 하다. 새로운 친구들을 사귈 때 위축되면 어쩌지? 같은 유치원 학부모들과 이야기를 해보니 초등학교가 예전과는 많이 달라졌다는데, 정확히 뭘 배우는지 잘 모르겠다. 우리 아이가 초등학교에 잘 적응하려면 무엇을 얼마큼 준비해야 할지 몰라서 답답한 마음뿐이다.

유치원 교사의 고민

초등학교 입학을 앞둔 우리 반 아이들에게 이제 초등학생 언니, 오빠가 되니 의젓해져야 한다고 가르치고 있다. 유치원에서는 누구보다 척척 잘하지만 초등학교는 다른 점이 많을 텐데, 입학해서 잘 할 수 있을지 걱정이다. 유치원 교실에서 자유롭게 돌아다니던 우리 아이들이 초등학교 교실에서 자리에 잘 앉아 있을 수 있을까?

학교에 가면 이제 공부도 시작해야 하는데, 자유로운 놀이 활동에 익숙한 아이들이 힘들어할 수도 있을 것 같다. 한글은 그림책을 읽어주거나 친구들이 특정 단어를 어떻게 쓰는지 궁금해할 때마다 알려주는 등 자연스럽게 흥미를 유도하는 정도로만 가르쳤는데, 초등학교 수업만으로 한글 해득이 가능한지도 의문이다. 그 밖에도 초등학교 교육과정에 대해 궁금하고 묻고 싶은 것이 많지만 초등학교와 교류하거나, 1학년 선생님들과 소통할 수 있는 기회가 거의 없어 아쉽다.

초등학교 교사의 고민

올해 초등학교 1학년 담임을 맡게 되었다. 그동안 고학년만 맡아온 터라 1학년 학생들을 직접 경험해 보지 못했고, 또 그 친구들이 유치원에서 어떻게 생활했는지 알지 못해 걱정이 많다. 만약 유치원 선생님들과 이야기를 나눌 수 있는 기회가 있다면 미리 아이들의 성향을 파악하여 적절한 도움을 줄 준비를 할 수 있을 텐데 아쉽다.

학생들이 가위질은 할 수 있는 건지, 종이접기는 어느 정도 하는지 등 아이들의 수준을 알기가 어려워 고민이다. 경력이 많으신 선생님들께 여쭈어보니 아이들이 아무것도 모른다고 생각하고 알려주라고 하셨다. 도대체 아무것도 모르는 정도가 어느 정도인지 감이 잡히지 않는다. 유치원에서는 무엇을 배우고 어떻게 생활했는지 궁금하다. 그리고 한글 책임교육으로 한글을 처음부터 가르쳐야 하는데, 일부 아이들은 한글을 미리 공부하고 온다고 한다. 그런 아이들이 수업에 잘 집중할 수 있을지 염려가 된다.

유·초연계교육의 개념과 필요성

학생, 학부모, 유치원 교사, 초등학교 교사에게는 저마다의 걱정이 있습니다. 새로운 환경에 대한 막연한 두려움도 있겠지만, 대부분의 걱정은 유치원과 초등학교 교육이 어떻게 다른지 서로에 대한 정보가 부족하기 때문에 일어나는 감정입니다. 이러한 걱정을 덜기 위해서 유치원과 초등학교 사이의 긴밀한 연계 교육이 필요합니다. 유치원과 초등학교 사이의 긴밀한 연계 교육, 이것을 줄여 '유·초연계교육'이라고 부릅니다.

유·초연계교육은 유치원과 초등학교 각각의 특성을 인정합니다. 유치원 누리과정의 목적은 유아가 놀이를 통해 심신의 건강과 조화로운 발달을 이루고 바른 인성과 민주 시민의 기초를 형성하는 데 있습니다. 초등교육과정은 학생의 일상생활과 학습에 필요한 기본 습관 및 기초 능력, 바른 인성을 함양하는 데 중점을 둡니다. 이처럼 누리과정과 초등교육과정은 중점을 두는 것이 서로 다릅니다.

각각의 편성과 운영 방안 또한 다른데, 간단히 말해 초등은 교과가 있으며 40분 수업과 10분 쉬는 시간으로 규칙적으로 일과가 이루어지지만, 유치원은 교과가 따로 정해져 있지 않으며 활동 시간 운영이 자유롭습니다. 이처럼 두 교육과정에 차이가 있음에도 유·초연계교육은 각각의 특징을 인정하고 존중하여 연계교육이 이루어지도록 합니다. 이렇게 개별성을 인정하면서도 두 교육과정이 계속성과 계열성을 가지고 자연스럽게 연계되어야 합니다. 중요하다고 판단되는 요소는 누리과정과 초등교육과정에 공통적으로 포함하고 시간을 두고 여러 번 반복적으로 아이들이 경험하게 하여 관련 역량을 함양할 수 있도록 해야 합니다. 한 살 한 살 나이를 더해감에 따라 학습 내용의 깊이는 깊어지고 폭은 넓어지게 하는 것입니다.

예를 들어 누리과정의 5개 영역 중 '의사소통' 영역에 해당하는 듣기와 말하기는 초등의 국어 교과의 영역에도 포함됩니다. '듣기와 말하기'의 학습 내용이 학생의 성장에 따라 유치원보다는 초등학교에서 보다 심화되는 것이 그 특징입니다. 구체적으로 살펴보면, 유치원에서는 선생님께서 들려주시는 이야기를 듣고 자신의 생각을 이야기해 보는 시간을 가지거나 관련된 자유 놀이를 합니다. 초등학교에서는 유치원 때보다 글밥이 많은 이야기를 가지고 모둠별로 역할을 나눠 대본을 외우고 친구들 앞에서 실감나는 목소리와 행동으로 연극을 하는 형태로 보다 심화된 형태의 수업이 이루어집니다.

유·초연계교육은 단순히 아이들에게 가르쳐야 할 내용 요소만 고려하는 것이 아닙니다. 교육 환경, 교수·학습 방법, 평가 등 다양한 방면에서 유치원과 초등학교가 연계되어야 합니다. 유치원과 초등학교 저학년의 교육 환경을 유사하게 조성하여 아이들이 심리적인 안정감을 갖도록, 유치원과 초등학교에서의 교수·학습 방법 및 평가를 서로 연계하여 아이들이 원활히 학습하도록 지원하여야 합니다.

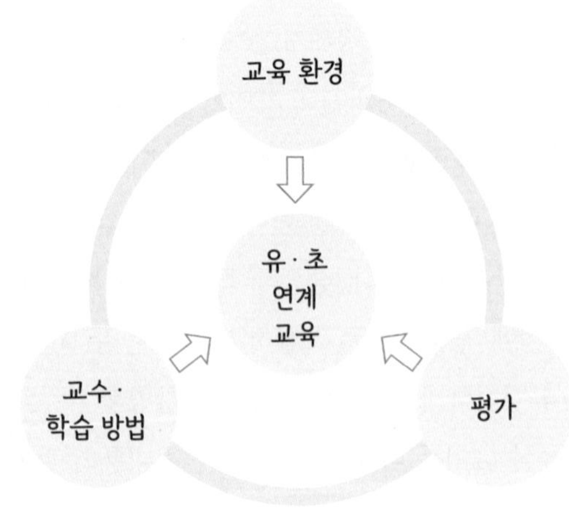

예를 들면, 누리과정은 아이들의 자유로운 놀이를 강조하기 때문에 유치원에서는 아이들이 마음껏 놀 수 있는 환경을 조성합니다. 이러한 점을 고려하여 초등학교에서도 아이들이 자유롭게 교실 공간을 변형할 수 있도록 허용하여 유치원과 비슷한 환경을 제공할 수 있습니다. 또한 신체를 움직여 활동하는 것을 좋아하는 유치원생과 초등학교 1학년 아이들의 공통된 특성을 고려하여 유치원, 초등학교에서 모두 활동 중심의 교수·학습 방법을 사용합니다. 그리고 아이들이 배움을 찾아가는 과정 그 자체를 살펴보며 학습을 점검하고 피드백하는 등 아이들의 안정된 학습을 지원할 수 있습니다.

또한 초등학교 내에서 1학년 학생들의 학교생활 적응을 위해 고학년 학생들과 함께하는 활동을 할 수 있습니다. 함께 학교 시설을 돌아보며 아이들이 학교 내부를 익히는 데에 도움을 줄 수도 있고, 선후배가 함께 놀이하며 아이들이 낯선 환경에 잘 적응할 수 있도록 도울 수 있습니다. 이러한 활동은 모두 아이들의 성공적인 초등학교 적응을 돕는다는 점에서 유·초연계교육이라고 할 수 있습니다.

유·초연계교육의 효과

우리가 유·초연계교육이 필요하다고 말하는 이유는 유·초연계교육을 통해 얻을 수 있는 다양한 교육적 효과 때문입니다.

첫 번째, 아이들의 발달 수준을 고려한 체계적인 교육이 가능합니다. 초등학교 1학년의 발달 특성은 초등학교 중·고학년보다는 오히려 유치원생의 발달 특성과 비슷합니다. 또한 해당 시기는 신체적, 정신적, 언어적, 사회적 성장이 매우 빠르며, 인간이 성장하는 데 기초적이고 중요한 시기입니다. 그렇기 때문에 아이들의 발달 수준을 고려하여 초등학교 1학년과 유치원 교육활동이 연계되어 이루어진다면 아이들의 성공적인 발달을 도울 수 있습니다.

두 번째, 아이들이 안정적으로 초등학교 생활에 적응하는 것을 돕습니다. 유치원과 초등학교의 연계교육은 아이들에게 안정감을 주고 불안감을 낮춥니다. 더불어 자신감을 갖게 하여 초등학교에 대한 심리적 장벽을 낮추기 때문에, 보다 빠르게 초등학교 생활에 익숙해지도록 합니다. 이는 그 이후 학교생활에서의 학업 성취 및 사회성 발달에 지속적으로 영향을 미치기 때문에(Belsky & Mackinnon, 1994), 유치원과 초등학교 간의 연계교육으로 아이들의 학교생활 적응을 돕는 것은 필수적입니다.

세 번째, 아이들이 단계적으로 배움을 확장하도록 돕습니다. 여러 학자들의 이론을 살펴보면 유치원과 초등학교 교육과정 사이의 계열성이 아동의 학습에 매우 효과적이라는 것을 알 수 있습니다. 구체적으로 타일러Tyler와 브루너Brunner는 교육 내용과 학습 경험이 계속 반복되고, 점차 깊이와 넓이를 더해갈 수 있는 나선형 교육과정을 만들어야 한다고 했습니다. 또한 가네Gagne는 높은 단계의 지식을 얻으려면 반드시 낮은 단계의 지식을 습득해야 한다고 했지요. 즉 유치원에서 배운 것을 확장, 심화하여 초등학교와 연계한다면 더욱 높은 학습 효과를 거둘 수 있다는 것입니다.

예를 들면, 유치원에서는 바둑돌, 블록, 숫자놀이로 아동의 흥미를 끌어내어 수數를 만나는 경험을 제공합니다. 이는 초등학교 1학년이 되면 1부터 9까지의 수, 두 자리 수, 세 자리 수 등을 배우는 것으로 확장, 심화됩니다. 즉 '수'라는 동일한 학습 주제를 가지고 반복된 학습 경험을 하며 깊이와 넓이를 점점 더해가는 것입니다. 그러므로 유치원 교사와 초등학교 교사는 서로의 교육과정을 이해하고, 또 연계한 교육과정을 운영하는 것이 필요합니다.

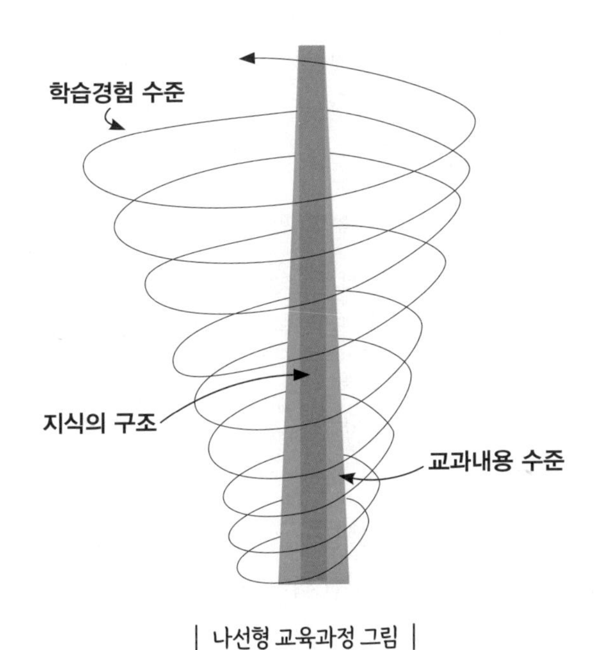

| 나선형 교육과정 그림 |

2 교육과정에서 찾은 유·초연계 핵심 4가지

놀이로 배워요

'놀이가 밥이다'라는 말이 있습니다. 몸이 튼튼해지기 위해 밥을 먹는 것처럼 마음이 건강하게 성장하기 위해서는 놀이가 밥만큼이나 중요한 역할을 한다는 뜻입니다. 유치원의 누리과정과 초등 저학년 교육과정 모두 놀이를 강조하는 이유입니다.

많은 교육학자들과 사상가들이 놀이의 교육적 가치와 중요성에 대해 이야기해 왔습니다. 고대 그리스 철학자 아리스토텔레스는 취학 전 유아들이 가정에서 놀이를 통해 교육하는 것이 바람직하다고 했고, 영국의 철학자 로크는 아이들은 놀면서 학습하기 때문에 일상에서 사용되는 모든 물품이 다양한 놀잇감으로 제공되어야 한다고 강조했습니다. 또한 로크는 아이들을, 즐거움을 위해 상상적 놀이를 추구하는 '타고난 놀이자'라고 정의하고 놀이를 아이들에게 필수적인 부분으로 보았습니다. 유아교육학계의 저명한 학자들인 프뢰벨과 몬테소리도 마찬가지입니다. 놀이를 의도적인 교육활동으로 규정하고 실제 교육 환경과 자료를 구성하는 데 적극적으로 활용하였습니다. 프뢰벨은 '은물'이라는 세계 최초의 체계적인 놀잇감을 만들기도 했지요.

아이들에게 놀이는 배움의 수단이자 통로입니다. 놀이를 하며 관계를 맺고, 다양한 문제 상황을 경험하고 해결하는 과정에서 규칙과 약속을 만들어내기도 합니다. 스스로 선택한 활동에 즐겁게 몰입하며 배움의 즐거움을 깨달을 뿐 아니라 공동체와 함께하는 법을 자연스럽게 익힙니다.

교육선진국이라고 불리는 핀란드 교육계에서는 이미 놀이가 아이들의 창의력을 향상시키고 세상을 배우게 한다는 공감대가 형성되어 있습니다. 2010년 EBS에서 방영한 다큐멘터리 〈세계의 교육현장〉의 첫 번째 편인 〈핀란드의 유치원 교육: 잘 놀아야 공부도 잘한다〉를 보면, 핀란드 아이들은 계절에 상관없이 실외 온도가 영하 15도 이하가 되기 전까지는 바깥에서 하루에 서너 시간은 놀이를 하면서 지냅니다. 놀이는 단순한 유희 활동을 넘어서 집중력, 인내심, 건강을 증진시키는 중요한 교육활동이기 때문입니다. 아이들은 놀이를 하면서 작은 공동체를 형성하고, 이 안에서 사회성, 소통과 합의, 타인에 대한 배려를 배웁니다. 더불어 놀이를 통해 스스로 문제를 해결하는 성공의 경험을 쌓을 수 있습니다.

그리고 핀란드에서는 '아이들에게 놀이를 통한 학습을 경험하게 해야 한다'는 내용을 교육법률 속 '국가의 교육과 보육목표'에 명시해 두었습니다. 또한 핀란드 교육 문화부에 따르면 성장기 아이들은 하루 최소 3시간 이상 육체적 활동을 해야 한다고 합니다. 이를 공식적으로 보장하기 위해 초등학교 수업 중에는 '야외활동' 과목이 따로 있을 정도입니다.

우리나라 유아교육과정인 누리과정과 초등교육과정에서도 놀이를 강조합니다. 특히 누리과정에서는 놀이가 핵심입니다. 누리과정의 성격과 목표, 교수·학습 방법의 곳곳에서 놀이 중심이라는 키워드를 발견할 수 있습니다. 놀이를 통해 기대하는 것은 유아의 전인적 발달과 행복입니다. 놀이 과정 속에서 자연스럽게 일어나는 발달과 아이들이 느끼는 즐거움 그 자체를 중요하게 여깁니다.

누리과정 성격

누리과정은 3-5세 유아를 위한 국가 수준의 공통 교육과정이다.

가. 국가 수준의 공통성과 지역, 기관 및 개인 수준의 다양성을 동시에 추구한다.
나. 유아의 전인적 발달과 행복을 추구한다.
다. 유아 중심과 놀이 중심을 추구한다.
라. 유아의 자율성과 창의성 신장을 추구한다.
마. 유아, 교사, 원장(감), 학부모 및 지역사회가 함께 실현해가는 것을 추구한다.

유치원 교실에 있는 놀이 영역은 쌓기, 언어, 역할 놀이, 미술, 수 조작, 과학, 음률 등 각 교실마다 다양합니다. 유치원의 자유놀이 시간에 아이들은 각자 흥미와 관심에 따라 자신이 원하는 영역에 가서 원하는 놀잇감으로 놀이를 합니다. 교사는 유아의 놀이를 관찰하고 지원하며, 확장을 돕는 역할을 합니다.

예를 들어 아이가 블록으로 팽이를 만들며 놀이하는 것을 즐긴다면

| 유치원 - 팽이게임장 |

| 유치원 - 팽이대잔치 |

팽이게임장을 위해 종이테이프로 테두리를 만들어 놀이를 지원하거나 팽이가게를 차릴 수 있음을 안내하여 놀이를 확장하기도 하고, 동생반을 초대하여 팽이대잔치를 열 수도 있습니다. 이 역시 유아의 자발적인 선택이 중요하기 때문에 참여하고 싶은 유아만 참여하며 다른 유아들은 본인이 원하는 미술놀이, 역할놀이(소꿉놀이 등) 등을 택하여 자유롭게 놀이합니다.

또한 교실 안에서의 놀이가 바깥놀이와 연결되는 경우도 있습니다. 교실에서 블록놀이를 활발하게 진행하다가 교실 밖에 블록을 가지고 나와서 돗자리를 깔아놓고 놀기도 하고, 미술놀이에 관심이 있다면 붓으로 물그림을 그리며 놀기도 합니다.

아이들이 유치원을 졸업하고 초등학교에 입학하였다고 해서 놀이의 중요성이 사라지는 것이 아닙니다. 어린이의 발달은 연속성을 가지고 이루어지기 때문입니다. 놀이를 강조하는 누리과정을 경험하고 초등학교에 입학한 어린이는 놀이를 통해 가장 자연스럽고 즐겁게 배웁니다.

최근 들어서는 **초등학교**에서도 유치원의 놀이중심 교육과정과 연계하여 학습도 놀이처럼 즐겁게 수행할 수 있도록 합니다. 학생들이 도달해야 할 교육목표를 위해 놀이로 동기유발을 하거나 학습의 도구로 활용하는 것이지요.

초등학교 교육과정 중 통합교과 교수·학습 방향

가. 교수·학습 방향

- '즐거운 생활'과의 교수·학습에서는 놀이하기, 표현하기, 공연·전시하기, 감상하기 등의 표현 기능을 습득하고 함양할 수 있도록 지도한다.
- '즐거운 생활'과의 교수·학습에서는 일상에서 찾을 수 있는 다양한 소재와 재료를 이용하여 놀이하고 표현하는 활동을 중심으로 지도한다. 즉, 학생들의 생활 소재가 수업 소재로 활용될 수 있도록 하는 데 초점을 둔다.

놀이를 활용한 초등학교 수업의 예시를 살펴보겠습니다.

1학년 국어 교과에서는 유치원에서 읽은 책을 가져와 자음자를 배울 때 책 속에 숨어 있는 자음자를 찾아 몸으로 표현해 보는 놀이를 할 수 있습니다. 또한 아이들에게 익숙한 클레이나 블록과 같은 교구를 통해 자음자를 표현해 보는 활동도 있습니다.

수학 수업에서는 길이를 배우면서 물건 높이 쌓기 놀이를 할 수 있습니다. 카프라, 쌓기 나무, 젠가, 블록 뿐 아니라 책, 종이컵, 상자 등 다양한 물건을 활용하여 시간을 정해 놓고 누가 더 높이 쌓는지 비교해 보는 놀이입니다. 높이와 길이의 개념에 대해 배울 수 있을 뿐만 아니라 쓰러지는 물건 탑을 보며 왜 쓰러지는지 대화를 하고 해결 방법을 찾으며 아이들의 문제해결력과 의사소통능력을 기를 수 있습니다. 또한 수세기를 할 때, 유치원에서도 사용하는 도블, 텀블링 몽키, 할리갈리 등의 보드게임을 활용하여 흥미를 느끼게 할 수 있습니다.

초등학교 저학년만 배우는 통합 교과 역시 놀이와 표현 중심으로 교수·학습을 운영하도록 되어있습니다. 1학년 《봄》 교과서 속의 학교 단원을 배울 때에는 '학교에 가면' 놀이를 할 수 있습니다. 친구들과 함께 학교에 가면 무엇이 있는지 생각해 보고, 앞 사람과 겹치지 않게 하나씩 돌아가며 말하는 놀이입니다. 자연스럽게 학교에 어떤 공간이 있는지를 생각해 보고 자세히 관찰하게 됩니다. 이 과정에서 떠오르는 학교에 대한 이미지나 풍경을 그림으로 표현할 수도 있고, 학교가 아닌 시장, 산, 마트 등 생활 주변의 다양한 장소로 확장하여 놀이할 수도 있습니다. 놀이로 즐겁게 배우며 성취기준에 도달할 뿐 아니라, 2015 개정 초등교육과정에서 강조하는 핵심 역량(공동체, 창의적 사고, 자기관리, 지식정보처리, 의사소통, 심미적 감성)을 익힙니다.

수업시간의 교육목표에 도달하기 위한 목적 외에도 학교 적응과 공동체 활동을 위해 놀이를 활용할 수 있습니다. 같은 반 친구들이 서먹하게 느껴질 입학 초기에는 아침활동, 중간 놀이 시간을 활용하여 기차놀이처럼 줄을 서 얼굴을 맞대고 한 마디씩 인사를 건네는 놀이를 합니다. 또한 놀이 속에 꼭 질문이 있어야 하는 '과일 바구니' 혹은 '당신은 누구십니까' 놀이를 통해 새로운 친구들에게 다가가 자연스럽게 말을 걸어보도록 합니다.

그리고 학급 내 아이들 간의 유대감을 형성하기 위해 공동체 놀이를 하는데, '한 걸음 술래잡기' 또는 '바나나 술래잡기' 등의 활동이 있습니다. 처음에는 교사가 주도하여 놀이를 진행하지만 익숙해지면 점차 아이들이 주도적으로 놀이를 할 수 있도록 합니다. 그러면 아이들은 스스로 규칙을 수정하거나 새로운 규칙을 만드는 등의 모습을 보이곤 합니다. 이는 놀이에서 자율권을 얻은 아이들이 더욱 재미있는 규칙을 만들어내고 친구들과 의사소통하는 과정 중에 배움이 일어난다는 점에서 유치원의 자유놀이와 매우 닮아 있습니다.

교실에서 하는 놀이뿐 아니라 학교 운동장에 있는 놀이터로 행동반경을 넓힐 수도 있습니다. 이때, 재학생들이 1학년 아이들에게 안전한 놀이터 사용 방법을 직접 안내하여 1학년 아이들이 이를 자연스럽게 받아들이도록 한다면 더욱 좋습니다.

놀이를 통해 공동체와 친밀한 관계를 맺게 되었을 때, 새로운 공간을 편안하게 느끼고 쉽게 적응할 수 있습니다. 또한 즐겁기만 한 놀이 속에도 규칙이 있고, 그 속에 참여하기 위해서는 상대를 존중하고 약속을 지켜야 함을 자연스레 깨닫고 책임감 있는 태도를 기를 수도 있습니다. 아이들이 유치원에서 놀며 생각하며 즐겁게 배웠던 경험의 연장선으로 초등학교에서의 학습, 생활에 놀이를 의미 있게 활용한다면 효과적으로 유·초연계교육을 실현할 수 있을 것입니다.

생활 속에서 주제를 찾아 배워요

아이들은 어떻게 학습하는 것이 바람직할까요?

일반적으로 학습하는 지식의 형태는 현상 속에서 추상적 요소를 끌어내어 이론적으로 개념화한 것입니다. 예를 들면, 우리 주변에서 볼 수 있는 공, 구슬 등이 공통적으로 가지는 특징을 추상화하여 '구'라는 개념으로 정의합니다. 더 나아가 직육면체, 정사면체 등 현실 속에서 볼 수 없는 이론적 개념들이 모여 '입체도형'이라는 범주로 묶이는 것이지요. 이런 지식들을 계열적으로 범주화하여 '수학'이라는 학문이 되는 것입니다. 이렇게 개념화된 지식을 논리적이고 추상적인 형태로 전달하는 전통적 방식은 사고가 발달하기 시작한 중·고학년에게 적합한 방식일 수 있습니다. 하지만 유치원과 초등 저학년은 통합적 사고를 하는 시기이기 때문에 이러한 방식이 적합하지 않습니다.

김창복(2008)에 따르면, 유치원생 및 초등 저학년 학생들은 분절적 사고를 하는 데 어려움이 있고 수시로 그 흥미와 관심의 대상이 바뀌는 특성을 가지고 있습니다. 그렇기 때문에 눈에 보이지 않고 만질 수도 없는 이론화된 개념을 과목별로 분절하여 배우는 것은 발달 단계에 적합하지 않으며 유의미한 학습 효과를 기대하기도 어렵습니다. 직접 체험하여 배우지 않으면 흥미를 잃기도 쉽지요. 그렇다면 유치원생과 초등 저학년 학생들이 흥미를 가지고 의미 있는 학습을 할 수 있도록 교사들은 어떻게 도움을 줄 수 있을까요?

아이들이 경험한 생활과 가깝고, 흥미의 대상이 될 수 있는 주제를 중심으로 각 교과의 지식 및 기능 요소를 통합하여 학습할 수 있도록 교육과정을 운영하는 것입니다. 아이들이 직접 몸으로 체험하며 배울 수 있는 활동으로 구성한다면 더욱 효과가 있습니다. 예를 들면, '원'이라는 개념을 가르칠 때 '한 점에서 같은 거리에 있는 점들의 집합'이라는 정의로 배우는 것이 아니라 생활 주변에서 동그란 모양을 가진 물건들을 찾아보고, 세어보고, 그려보고, 몸으로 표현하며 배울 수 있도록 하는 것입니다. 뿐만 아니라 찾은 물건들의 공통점과 특징을 친구들 앞에서 설명하거나 정리해서 기록하도록 한다면 국어 과목과의 통합도 가능합니다.

유치원생의 생활 모습을 살펴보면 다양한 상황에서 학습하는 것을 발견할 수 있습니다. 자리에 가만히 앉아 책을 읽으며 관련 개념을 습득하기도 하고 직접 체험하며 학습하기도 합니다. 공원을 산책하다가 우연히 발견한 거미줄에 여러 날벌레들이 붙어 있고, 또 이것을 먹는 거미를 보고 거미의 먹이를 알게 되는 경우가 있는 것처럼요. 이러한 경우 외에도 유치원생들은 평소 생활하면서 다양하게 학습합니다.

유치원의 누리과정은 유아의 경험에서 배움이 일어나는 것을 지향합니다. 교수·학습 방법에서도 그 특징이 잘 드러나는데, 누리과정 5개 영역(신체운동·건강, 의사소통, 사회관계, 예술경험, 자연탐구)의 내용이 통합적으로 유아의 경험과 연계되도록 합니다. 즉, 유아들의 경험을 배움과 연결할 때 분절적으로 예술경험 영역에만 한정하는 것이 아니라 누리과정 5개 영역 모두의 내용과 통합적으로 연결될 수 있도록 합니다.

누리과정 교수·학습 방법

마. 5개 영역의 내용이 통합적으로 유아의 경험과 연계되도록 한다.

예를 들어 단순히 개미를 관찰하는 경험에서도 개미의 구조를(자연탐구), 사람과는 다른 방식으로 소통하는 개미를(의사소통) 알 수 있습니다. 또한 모래를 이용하여 개미집과 길을 만들어주는 놀이를 하거나(신체운동·건강), 개미를 관찰할 때 장난하지 않고 생명을 존중하는 자세를(사회관계) 가지게 되는 등, 종이접기로 개미를 표현해 인형극(예술

경험)을 하면서 개미에 대해 폭넓게 학습할 수 있습니다.

| 개미집 만들기 |

이런 과정을 통해 유치원생들은 어떤 주제에 대해 다양한 내용들을 떠올리고 서로 연결 지을 수 있는 확산적 사고를 합니다. 이는 현대 사회에서 중요하게 여기는 능력 중 하나입니다. 확산적 사고는 단순히 지식을 많이 아는 것을 넘어 지식들 간 연결을 강조하며 창의적으로 새로운 걸 만들어내도록 하는 것이므로 경험을 통해 자연스럽게 학습할 수 있도록 해야 합니다.

초등교육과정에서도 학생들이 교과 지식을 분절적으로 학습하기보다 통합적으로 자연스럽게 학습하는 것을 강조하고 있습니다. 이를 통해 학생들이 살아가면서 마주하는 다양한 문제 상황을 잘 해결할 수 있다고 생각합니다. 삶에서 마주하는 다양한 문제 상황은 단순하지 않고 여러 가지의 가치 등이 복잡하게 얽혀있기 때문에 다방면으로 살펴보는 것이 필수적입니다.

예를 들어 학용품을 구매할 때 어떤 제품을 선택해야 하는지 고민하는 상황을 생각해봅시다. 수학적 지식만을 학습했다면 가격만 보고 결정하게 되겠지요. 하지만 우리는 선택을 할 때 가격만을 고려하지 않습니다. 사용하기 편리한 모양인지, 튼튼한지, 내 취향인지 등 여러 사항들을 고려하지요. 그렇기 때문에 통합적으로 학습하게 되면 학생들이 실생활에서 선택을 할 때, 혹은 문제 상황을 해결할 때 등에 도움을 줄 수 있습니다.

실제 초등학교 저학년이 배우는 통합교과를 살펴보면 학습 내용의 통합과 재조직, 관련 교과의 연계를 강조하며 바른 생활, 슬기로운 생활, 즐거운 생활을 대주제(학교, 봄, 가족, 여름, 마을, 가을, 나라, 겨울)를 중심으로 통합하여 운영하고 있다는 것을 알 수 있습니다.

초등학교 교육과정 통합 성격

'학교', '봄', '가족', '여름', '마을', '가을', '나라', '겨울'의 8개 영역 (대주제)으로 내용을 선정하였고, 이는 '바른 생활'과와 '즐거운 생활'과와의 통합을 고려한 것이다.

지금의 통합교과가 있기까지 많은 변화들이 있었지만 특히 교과서 구성에서 뚜렷한 변화를 보입니다. 예전에는 바른 생활, 슬기로운 생활, 즐거운 생활 교과서가 각각 존재하였는데, 현재는 주제를 중심으로 각 교과들이 연결되어 있고 사계절을 교과서 명으로 사용하고 있습니다.

예를 들어 1학년 1학기 《봄》 교과서에는 '학교와 친구', '봄 동산'을 주제로 바른 생활, 슬기로운 생활, 즐거운 생활이 통합된 활동으로 구성되어 있습니다. 그중 '학교와 친구'를 주제로 어떻게 통합되어 있는지 살펴보겠습니다. 바른 생활에서는 '학교생활과 규칙', 슬기로운 생활에서는 '학교 둘러보기'와 '친구 관계', 즐거운 생활에서는 '친구와의 놀이', '교실 꾸미기'가 내용 요소로 제시되어 있습니다. 교과서에서는 이 내용 요소들이 각 교과의 성격을 반영하여 차시가 구현돼 있기도 하고, 두 개 이상의 교과가 통합되어 차시가 구현돼 있기도 합니다. 이를 통해 아이들은 자신 주변의 생활 주제를 다루면서 다양한 경험을 하며 학습할 수 있습니다. 아래 초등교육과정의 통합교과 내용 체계표를 살펴보면, 각각 어떤 내용 요소들이 통합돼 있는지 살펴볼 수 있습니다.

〈 초등교육과정의 통합교과 내용 체계표 일부 〉

영역 (대주제)	핵심 개념 (소주제)	내용 요소		
		바른 생활	슬기로운 생활	즐거운 생활
1. 학교	1.1 학교와 친구	· 학교 생활과 규칙	· 학교 둘러보기 · 친구 관계	· 친구와의 놀이 · 교실 꾸미기
	1.2 나	· 몸과 마음의 건강	· 몸의 각 부분 알기 · 나의 재능, 흥미 탐색	· 나의 몸, 감각, 느낌 표현 · 나에 대한 공연 · 전시
2. 봄	2.1 봄맞이	· 건강 수칙과 위생	· 봄 날씨와 생활 이해 · 봄철 생활 도구	· 봄 느낌 표현 · 집 꾸미기
	2.2 봄 동산	· 생명 존중	· 봄 동산 · 식물의 자람	· 동식물 표현 · 봄나들이
3. 가족	3.1 가족과 친척	· 가정 예절	· 가족의 특징 · 가족 · 친척의 관계, 가족 행사	· 가족에 대한 마음 표현 · 가족 활동 및 행사 표현
	3.2 다양한 가족	· 배려와 존중	· 다양한 형태의 가족 · 가족 구성원의 역할	· 집의 모습 표현 · 가족 역할 놀이

4. 여름	4.1 여름맞이	· 절약	· 여름 날씨와 생활 이해 · 여름철 생활 도구	· 여름 느낌 표현 · 생활 도구 장식 · 제작
	4.2 여름 생활	· 여름 생활 및 학습 계획	· 여름 동식물 · 여름방학 동안 하는 일	· 여름 동식물 표현 · 여름철 놀이

주제 중심 통합, 특히 아이들의 생활과 관련된 주제 중심 통합은 유·초교육과정 모두에서 중요하게 생각하고, 또 실현되고 있습니다. 그러므로 실제 교육 현장에서도 이를 반영해야 합니다. 아이들의 생활 속에서 주제를 찾아 교육과정을 적극적으로 재구성하고, 통합 활동들을 구성하는 것이 유·초연계를 이끌어내는 데 도움을 줍니다. 구체적인 주제 중심 통합 운영의 사례는 3부에서 살펴보도록 하겠습니다.

탄력적으로 시간을 운영해요

초등학교 1학년 교사인 수민씨는 아이들의 흥미도와 집중도를 고려해 수업 시간을 자유롭게 운영하고 있습니다.

1교시는 덧셈을 하는 방법을 알려주는 수학 수업입니다. 그러다 보니 교사 주도의 설명이 많고 학생들의 집중 시간이 짧아 30분 수업을 진행합니다. 2교시에는 1교시에 배운 개념을 바탕으로 연결큐브를 이용하여 짝과 말판 놀이 게임을 하는 시간이라 50분으로 진행합니다. 3, 4교시는 블록 타임으로 묶어 1시간 20분 동안 친구들과 밖에 나가서 학교에 있는 꽃을 살펴보고 그림을 그립니다.

수민씨는 아이들이 힘들어하지 않고 즐겁게 집중하는 모습에 만족감을 느낍니다.

학습의 근간이 되는 인지 발달 단계에서 초등학교 1학년 학생은 7세 유아들과 유사합니다. 하지만 유치원과 초등학교는 일과 운영에서 큰 차이점을 보입니다. **유치원**에서는 일과 시간을 교사의 재량에 따라 융통성 있게 운영하는 반면, 대부분의 **초등학교** 1학년 교실은 40분 수업 후 10분 쉬는 시간을 가지는 정형화된 수업 시간표를 적용하고 있습니다.

초등학교 1학년 학생과 고학년 학생은 발달 단계에서 차이가 있음에도 차시당 40분 수업이라는 동일한 수업 시간을 적용받고 있는 셈입니다. 초등학교 1학년과 고학년의 가장 큰 차이 중 하나는 집중력입니다. 대부분의 1학년 학생은 흥미로운 내용에는 집중하는 시간이 길지만 비교적 관심이 없는 내용을 접할 때는 금방 자세가 흐트러집니다. 그러므로 초등학교 1학년 교실에 한 차시당 40분이라는 시간을 고정적으로 적용하는 것은 아이들의 인지 발달 단계를 고려한 수업 진행으로 보기 어렵습니다.

초등학교 1학년 학생들의 발달단계를 고려하고 그들의 학교생활 적응을 돕기 위해서는 주제에 대한 학생의 흥미도와 집중도를 고려해 수업시간을 탄력적으로 운영해야 합니다. 예를 들면 여유 있는 활동 시간이 필요하고 학생들의 흥미가 높은 수업 주제의 경우, '블록타임제'를 운영하는 것이 학생들의 몰입도 및 참여도를 높여 그들이 학습 목표에 도달하게 하는 데 도움이 될 수 있습니다.

'블록타임제'란 기존 40분 수업을 2개 또는 3개씩 묶어 진행하는 것입니다. 예를 들면 통합 교과에서 면봉으로 색점을 찍어 점묘화처럼 가족을 표현하는 미술 활동, 여름 노래에 맞춰 모둠별로 율동을 만들어 발표하는 음악 활동, 팀을 나누어 운동장에서 긴 줄넘기를 배우는 체육 활동 등의 예체능 수업에 적용할 수 있습니다. 유치원에서 2-3시간 동안 교사 재량에 따라 다양한 활동을 실시하는 것처럼, 초등학교에서도 주제에 따라 수업 시간을 유연하게 조정할 수 있게 하는 것입니다.

누리과정 편성 · 운영	초등학교 교육과정 시간 배당 기준
가. 1일 4-5시간을 기준으로 편성한다. 라. 하루 일과에서 바깥 놀이를 포함하여 유아의 놀이가 충분이 이루어지도록 편성하여 운영한다.	2) 시간 배당 기준 ① 이 표에서 1시간 수업은 40분을 원칙으로 하되, 기후 및 계절, 학생의 발달 정도, 학습 내용의 성격, 학교 실정 등을 고려하여 탄력적으로 편성 · 운영할 수 있다.

교육과정을 살펴보면, **누리과정**의 편제는 1일 4-5시간을 원칙으로 유연하면서도 탄력적인 운영을 하도록 되어 있습니다. 그래서 대부분의 유

치원에서는 휴식과 활동 시간을 엄격히 구분하지 않습니다. 유아의 놀이가 시간에 구애받지 않고 충분히 이루어 질 수 있도록 하는 것입니다. 즉, 유치원은 교사의 재량에 따라 활동 시간을 자율적이고 융통성 있게 운영합니다.

초등교육과정에는 1시간 수업은 40분을 원칙으로 하되, 기후 및 계절, 학생의 발달 정도, 학습 내용의 성격, 학교 실정 등을 고려하여 탄력적으로 편성·운영할 수 있다고 되어 있습니다. 하지만 대부분의 초등학교 교실은 수업 시간과 쉬는 시간, 점심시간 등을 구분하고 40분 수업 시간에 10분 쉬는 시간으로 고정하여 하루 일과를 규칙적으로 운영하는 경우가 많습니다. 유치원의 유연한 일과 운영에 익숙한 1학년 학생에게 규칙적인 시간 운영을 처음부터 엄격하게 적용하는 것은 심리적으로 부담이 될 수 있습니다.

따라서 입학 초기 1학년 교실에서는 아이들의 성향과 배울 내용에 따라 수업의 비중과 방법, 순서와 시간을 조정하여 운영해야 합니다. 이를 통해 1학년 학생들의 적응을 돕는 동시에 유치원 생활과 자연스럽게 연계할 수 있습니다.

편안한 환경을 만들어요

"교실에서 놀 공간도 없고 심심해요!"

책상과 의자로 가득 차 있는 교실, 지수는 친구들과 쉬는 시간에 공기놀

이를 하고 싶은데 6명이 모여서 공기놀이를 할 공간이 없어 고민입니다. 친구 다예가 의견을 내어, 모둠 책상으로 만들어서 책상 위에서 공기놀이를 하자고 말했습니다. 그래서 책상 위에서 공기놀이를 하는데 자꾸 바닥으로 공깃돌이 떨어져서 놀이를 할 수가 없었습니다.

유치원에서는 넓은 공간도 많고 공기놀이 말고도 많은 놀잇감이 있어서 심심하지 않았는데, 초등학교에 오니 책상과 의자 때문에 공간도 좁고 재미있는 놀잇감도 많이 없어서 쉬는 시간이 되면 답답한 마음이 듭니다.

유치원과 초등학교 교실의 모습을 살펴보면 큰 차이가 있는 것을 알 수 있습니다. **유치원 교실**은 유아들의 개별적이고 자유로운 놀이를 통해 배움이 일어나도록 흥미 영역별 다양한 교구 및 놀잇감을 구비하고 있습니다. 그래서 자신이 원하는 영역에서 교구 및 놀잇감을 가지고 다양한 활동을 할 수 있다는 장점이 있습니다. 또한 대부분 바닥에 앉아서 사용할 수 있는 반달 모양, 원 모양 등의 책상이 있어 자유로운 형태로 공간을 변형할 수 있습니다.

반면, **초등학교 교실**은 학생 수에 맞게 구비된 네모 모양의 책걸상이 대부분을 차지하고 있습니다. 교실 앞쪽에는 칠판, 교사용 책상이 있고 뒤쪽에는 학생 개인별 사물함과 학습 결과물이나 미술 작품을 전시할 수 있는 게시판이 있습니다. 학생들이 자유롭게 이용할 공간은 부족한 편입니다. 교실 수납함에는 학습에 필요한 교구 및 준비물들이 들어있기는 하지만 놀이를 위한 장난감은 아닙니다.

유치원에서는 넓은 공간 속에서 바닥에 앉기도 하고 눕기도 하고 다양한 흥미 영역에서 자유롭게 놀잇감을 꺼내 놀았는데, 초등학교에 입학하니 정해진 책상과 의자에 정해진 시간 동안 앉아 있어야 하고 쉬는 시간에만 자유롭게 움직일 수 있으니 답답할 수밖에 없습니다. 최근에는 공간 혁신을 통해 아이들이 자유롭게 쓸 수 있는 놀이 공간을 확보하는 방향으로 초등학교 교실이 변화되는 사례가 많습니다. 이와 같이 교육환경 측면에서도 유·초연계가 필요합니다.

초등학교의 환경에 익숙해지기 위해, 유치원에서는 7세 유아들이 졸업을 앞둔 11월이나 12월부터 개별 책상과 의자에 앉아 있는 연습을 합니다. 초등학교에서는 아이들이 자유롭게 놀 수 있는 공간이 생기도록 교실 구조를 바꾸거나 아이들의 흥미를 고려한 교구를 구비하여 아이들이 심리적으로 안정감을 느끼게 할 수 있습니다.

| 유치원 교실 1 |

| 유치원 교실 2 |

| 초등학교 교실 1 |

| 초등학교 교실 2 |

| 해밀초등학교 1학년 교실 |

놀이에 친숙한 아이들이 좋아할만한 교실 환경을 구축하여 초등학교 1학년 학생들의 적응을 도운 세종 해밀초등학교 교실을 살펴보겠습니다. 놀고 싶은 교실, 안정감을 느끼는 교실을 목표로 2층에는 다락방을 조성하여 학생들의 놀이 공간을 충분히 확보하였습니다.

세종 소담초등학교에서는 학생들이 교실 안에서 실내화를 신지 않고 생활합니다. 바닥에 앉아 놀거나, 편안한 자세로 누워 책을 보기도 합니다. 이처럼 대규모 공사가 필요한 공간 혁신이 아니더라도 조금의 변화로 아이들이 교실 공간을 편안하게 여기는 효과를 낼 수 있습니다.

초등교육과정을 살펴보면 학생들의 흥미와 요구를 고려하고 학습 내용에 따라 책걸상 배치, 학습 소집단 구성 등을 다양하게 변화시킴으로써 교실 환경을 구성하는 교수·학습 방법을 명시하고 있습니다. 그래서 초등학교에서는 공간의 변화뿐 아니라 학습 소집단의 다양한 구성을 위해 활동에 따라 책상을 ㅁ자 모양, ㅇ자 모양, ㄷ자 모양으로 만들기도 하고 교실 가장자리로 책상을 밀어두고 의자만 ㅇ자 모양으로 만들어 앉아 모둠 활동을 하기도 합니다.

초등학교 교육과정 교수·학습 방법

나. 학교는 효과적인 교수·학습 환경 설계를 위해 다음과 같은 사항에 중점을 둔다.

1) 교사와 학생 간, 학생과 학생 간 상호 신뢰와 협력이 가능한 교수·학습 환경을 제공한다.
2) 학생의 능력, 적성, 진로를 고려하여 교육 내용과 방법을 다양화하고, 학교의 여건과 학생의 특성에 따라 다양한 학습 집단을 구성하여 학생 맞춤형 수업을 하도록 한다.

3부

유 · 초연계의 실천

1

유치원과 초등학교 현장의 목소리

유·초연계교육을 실천하기 전에, 유치원과 초등학교 각각의 현장에서 이루어지고 있는 교육 활동과 향후 도움이 필요한 부분을 알아보기 위해 유치원 선생님과 초등학교 선생님을 만나 이야기를 나누었습니다.

* 다음 대화는 7세반 유치원 선생님과 초등학교 1학년 선생님들의 설문조사 및 인터뷰를 바탕으로 재구성하였습니다.

Q. 유·초연계를 위해 어떤 노력을 하고 있나요?

유치원 교사들의 목소리

평소 유치원에서는 융통성 있게 시간을 운영하지만, 졸업을 앞두고는 초등학교 일과에 맞추어 40분 수업, 10분 쉬는 시간, 중간놀이 시간을 정하여 운영하고 있습니다.

교실에 초등학교에서 사용하는 것과 비슷한 크기의 책상과 의자를 배치하여 아이들이 정해진 자리에 앉아 수업에 참여하도록 합니다.

초등학교에서 본격적으로 한글을 배울 테니, 그림책 읽기나 글자 놀이 등으로 아이들이 자연스럽게 한글에 관심을 갖도록 합니다.

초등학교 교사들의 목소리

3월 한 달 동안 입학 초기 적응 프로그램을 통해 적응을 돕고 있어요. 새로운 공간이 낯설게 느껴질 아이들과 함께 학교의 시설을 둘러보거나 교실 놀이나 공동체 활동을 통해 또래 관계를 형성할 수 있도록 돕기도 하지요. 그리고 학습의 기본자세를 갖추기 위해 연필 잡는 법, 학용품 사용법 등을 함께 배운답니다.

입학 전에 한글을 미리 배우고 와야 하는지 걱정하는 아이들이 많습니다. 유치원에서는 본격적인 한글 교육보다는 글자에 대한 관심을 불러일으킬 수 있는 활동을 위주로 진행한다고 들었습니다. 그와 자연스럽게 연계되기 위해서 초등학교에서는 모든 학생이 한글을 처음 배운다는 전제하에 기초부터 차근차근 배울 수 있도록 한글 책임교육을 실시합니다.

Q. 유 · 초연계를 위해 어떤 도움이 필요한가요?

유치원 교사들의 목소리

서로의 교육과정과 학교생활을 이해할 수 있는 관련 연수나 교사들끼리 만나 소통을 할 수 있는 기회가 있으면 좋겠어요. 그렇게 된다면 초등학교 선생님들과 함께 다양한 프로그램을 계획할 수 있을 것 같아요. 예를 들면 함께 하는 운동회나 학예회, 놀이, 찾아오는 공연 관람 등이 떠오르네요.

입학을 앞둔 7살 아이들이 초등학교에 견학을 가는 프로그램을 교육과정 차원에서 운영하면 좋을 것 같습니다. 아무래도 학교 간에 협력이 필요한 일이라 쉽지 않은데, 교육과정 안의 프로그램이 된다면 더욱 내실 있게 운영할 수 있을 것 같습니다.

예비 초등학교 1학년 학부모들에게 입학 또는 초등학교 생활 관련 연수를 초등학교에서 진행해 주신다면 학부모의 혼란과 걱정을 덜 수 있을 것 같습니다.

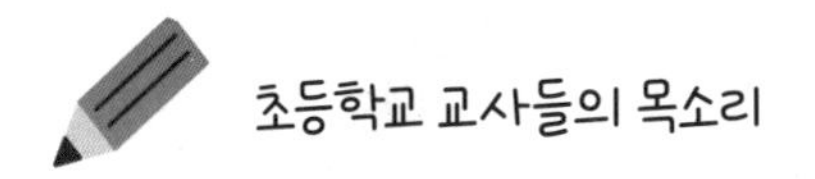

아이들을 교육하다 보면 유·초연계에 대한 필요성을 느끼지만, 관련 정보가 많이 없어 답답했답니다. 유·초연계가 무엇인지, 왜 필요한지를 알려주는 연수를 운영하면 좋겠어요.

무엇보다도 필요한 것은 유치원과 초등학교 사이의 이해라고 생각합니다. 유치원 생활을 알아야 하는데 누리과정을 접해본 경험도 없고 유치원에서 무엇을 배우는지, 어떻게 가르치는지, 어떻게 운영되는지 알지 못해요. 그래서 서로의 교육 현장을 이해할 수 있는 자료나 연수가 있으면 좋을 것 같아요.

유치원 선생님과 소통할 수 있는 기회가 있으면 좋겠어요. 서로의 교육과정이나 아이들에 대한 이야기, 걱정거리 등을 공유할 수 있다면 연계교육 자료를 개발하거나 실천하는 데도 큰 도움이 될 것 같아요.

서로 전반적인 교육과정 운영이나 생활 모습이 기록된 자료를 공유할 수 있으면 좋겠어요. 유치원 하루 일과와 아이들의 생활이 드러나 있는 자료를 보면 유치원의 일과는 어떻게 운영되는지 이해하고 아이들의 하루를 생생하게 그려볼 수 있을 것 같아요.

2 유 · 초연계, 첫걸음을 위한 4가지

서로의 교육과정에 대한 이해가 필요해요

유치원과 초등학교가 서로의 교육 현장에 관심을 갖고 교육과정을 접할 수 있는 기회가 적습니다. 하지만 연계교육을 하기 위해서는 유치원, 초등학교 교사들이 각자의 교육과정은 물론이고 서로의 교육과정을 필수적으로 이해하고 있어야 합니다. 아이들의 학습 환경과 학습 수준을 고려하여 교육과정상에서 연계 가능한 요소를 살펴보고 연계교육의 방향을 설정해야 하기 때문입니다. 예를 들어 누리과정과 초등교육과정을 살펴보면 공통적으로 학생들의 경험을 통한 배움을 강조하고 있습니다. 이를 고려하여 학생의 경험과 밀접한 생활 주제 중심으로 연계교육활동을 구성할 수 있습니다.

그러므로 새 학기를 준비하는 7세반 담임교사와 1학년 담임교사가 서로의 교육과정을 이해할 수 있도록 누리과정, 초등교육과정 등에 대한 직무 연수가 필요합니다. 또한 교육과정의 이해에 앞서 학습자 중심의 연계 교육을 위해 이 시기 아이들의 발달 단계, 적절한 교수·학습 방법에 대한 이해가 선행되어야 할 것입니다.

소통의 기회가 필요해요

물리적으로 가까운 거리에 있는 유치원과 초등학교라도, 각자의 담을 넘어 소통을 시도하기 어렵습니다. 하지만 유치원과 초등학교의 연계 교육을 위해서는 서로의 교육과정에 관심과 소통이 필요합니다. 가까운 유치원과 초등학교가 결연을 맺거나 유치원과 초등학교 교사가 함께하는 협의체를 구성하는 등 서로 간의 교류가 자연스럽게 이루어지는 문화가 형성되어야 합니다.

아이들이 각 기관에서 어떻게 생활하는지 이야기를 나누며 전반적인 교육과정 운영과 생활 모습의 기록 등을 공유한다면 각각의 교육과정에 적응하는 아이들의 모습을 이해하고 그 특성을 고려한 실질적인 유·초연계교육을 할 수 있습니다.

이처럼 유치원과 초등학교 교사들이 서로 소통을 바탕으로 일군 교육공동체가 유·초연계교육을 위한 주춧돌이 될 수 있습니다.

개념 및 철학에 대한 이해가 필요해요

유·초연계교육을 시작하기 위해서는 교육과정을 실제로 구현하는 사람, 즉 교사가 유·초연계교육에 대한 개념을 정립하고 이에 근간이 되는 교육철학을 이해하는 것이 필요합니다. 유·초연계교육은 같은 발달 단계에 속해 있는 이 시기의 아이들에게 연속적인 성장을 지원하기 때문에 아이들의 발달 특성 이해, 적합한 교육내용 선정과 교수·학습 방법의 연구가 이루어져야 합니다. 더불어 입학 초 1학년 학생들이 느낄 어려움에 공감한다면 유·초연계교육의 필요성을 체감할 수 있습니다. 이와 같이 필요성을 느끼는 교사들이 함께 모여 학생 중심 교육의 기반이 되는 교육철학을 접하고 유·초연계교육의 개념에 대해 논의하는 자리가 필요합니다.

적용 방법과 사례가 필요해요

교육현장에서 그 필요성을 느끼더라도 유치원과 초등학교의 연계교육을 실제로 어떻게 적용할 수 있을지 구체적인 방안을 몰라 어려움을 겪는 경우가 많습니다. 유·초연계교육에 뜻이 있는 선생님들께서 교육의 방향을 설정하고 적절한 활동을 구성하기 위해서는 다양한 유·초연계교육 사례 및 적용 가능한 프로그램 예시들이 필요합니다. 이 책의 3부에 그 가이드 역할을 할 수 있는 구체적인 실천 방법 및 사례들을 담았습니다.

3 유·초연계, 함께 실천하기

아이들의 눈높이에 맞춘 유·초연계교육이 이루어졌을 때, 교실에서는 긍정적인 변화가 나타납니다. 유치원과 초등학교 교사의 다음 후기를 들어봅시다.

그리고 이와 같은 유초연계교육이 이루어질 수 있도록 실천에 참고할 만한 구체적인 활동프로그램을 안내합니다. 학급 상황에 맞게 변형하여 운영하시면 됩니다.

저는 평소 우리 반 아이들이 초등학교에 가서도 친구들과 잘 지낼지, 공부는 잘 따라갈지 등 걱정이 많았어요.

하지만 이번 기회에 초등학교 선생님들과 이야기를 나누고 함께 활동을 계획해 이를 실천하면서 우리 아이들이 초등학교에 대해 가지고 있던 두려움의 감정이 많이 해소됨을 느꼈어요. 초등학생이 되어서도 잘 할 수 있겠다는 생각이 드니까 안심이 되었고, 이런 모임이 계속 유지되었으면 좋겠다고 생각했습니다.

학부모님들께서도 아이들이 초등학교 선배들과 함께 했던 활동, 초등학교 시설을 둘러보고 체험했던 이야기들을 접하시고는 초등학교 적응에 대한 걱정을 많이 내려놓았다고 하시더라고요. 여러모로 많은 사람들에게 도움이 되었어요.

– 유치원 7세반 담임교사 홍◇◇

새로 입학한 1학년들과 3월을 보내다 보면 수업시간에 일어나 돌아다니는 아이도 있고, 함께 하는 활동에도 매번 참여하지 않겠다고 하는 아이도 있습니다. 그래서 어려움을 겪기도 했지만 새로운 환경이 낯설 아이들을 이해하려고 노력했지요.

유치원 선생님들과 함께 이야기를 나누면서 이 아이들이 학교와는 전혀 다른 생활환경에서 지내왔음을 알았습니다. 아이들에게는 교실 내에서 자유롭게 이동하고, 원하는 활동에 자율적으로 참여하는 것이 당연했던 것이지요. '아이들이니 그럴 수 있다'라는 막연한 배려의 마음이 아니라 구체적으로 그러한 행동을 하는 아이들이 이해되었습니다. 그 환경의 차이를 이해하고 나니 학교라는 공간을 아이들의 눈높이에 맞추어 바라볼 수 있게 된 것 같습니다.

그래서인지 제가 적응프로그램에 적용할 수 있는 부분도 많아졌고, 예전보다 아이들이 빨리 학교생활에 안정적으로 적응하더라고요. 이게 다 유·초연계교육 덕분이에요. 아이들 하교 이후 함께 하는 협의회 시간이 가끔은 힘들기도 했지만, 그래도 값진 결과를 얻어 뿌듯하네요. 내년에도 선생님들과 또 다른 유·초연계교육 프로그램들을 구성하고 싶어요.

– 초등학교 1학년 담임교사 양□□

유 · 초연계 준비운동

유·초연계교육을 하기 위해서는 학부모, 유치원 및 초등학교 교사 모두의 유·초연계교육에 대한 공감대 형성이 필수적이지만, 특히 연계교육을 실천하는 두 기관의 교사가 이에 대해 이해하고 공감하는 것이 필요합니다. 따라서 두 기관의 교사가 모여 운영할 수 있는 프로그램을 먼저 소개합니다. 아래 과정은 교육청 차원 혹은 학교 자체적 연수로 진행할 수 있습니다.

순서	프로그램 명	내용
1	유 · 초연계교육 이해하기	유 · 초연계교육의 개념, 필요성, 운영 사례 등
2	서로의 교육과정 이해하기	누리과정, 초등교육과정 살펴보기, 교육철학 공유하기
3	유치원생 및 초등학생 발달 단계 이해하기	유치원생과 초등학교 1학년 학생의 발달 특성 살펴보기 (지적, 정서적, 사회적, 신체적 발달 특성)
4	유 · 초연계교육 실천 프로그램 구상하기	유 · 초연계교육 연간계획안 수립하기

(1) 유·초연계교육 이해하기

유·초연계교육을 위해 두 기관의 교사들이 모였다면, 가장 먼저 유·초연계교육이 어떤 의미인지 개념을 정리하는 시간이 필요합니다. 사진과 같이 평소 유·초연계교육에 대해 어떻게 생각하였는지 이야기를 나누어 보고 함께 정의를 내려 보는 것입니다. 유·초연계교육이 필요하다고 느꼈던 경험들을 공유하면 자연스럽게 유·초연계교육을 해야 하는 이유에 대한 공감대가 형성되겠지요.

예를 들어 졸업을 앞둔 유치원생이 초등학교 생활에 대해 갖는 기대와 두려움, 초등학생들이 학교 환경에 익숙해지기 전에 불안해하고 불편해했던 사례 등을 공유하며 유·초연계교육의 필요성을 공감할 수 있습니다.

이 프로그램을 운영할 때 실제 현장에서 유·초연계교육을 적용하고 있는 선생님들을 강사로 초빙하거나 관련 도서 및 영상 자료를 선정하

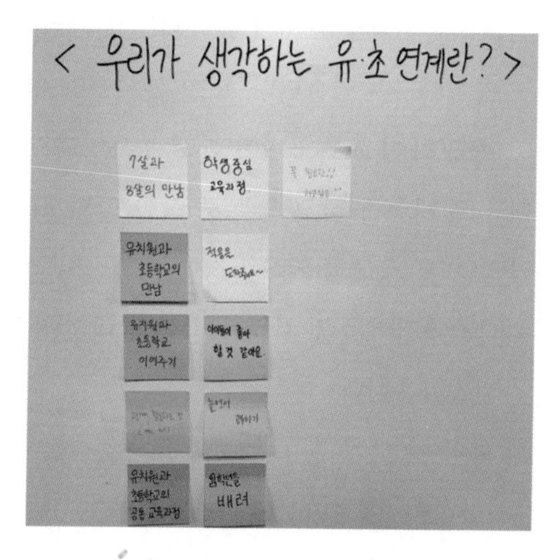

| 우리가 생각하는 유·초연계란? |

여 교육과정 연계의 필요성 혹은 구체적 실천방안을 함께 살펴보고 알아보는 시간을 가질 수 있습니다.

(2) 서로의 교육과정 이해하기

유·초연계교육을 하기 위해서는 서로의 교육과정에 대해 기본적인 이해가 필요합니다. 그런데 유치원 교사는 초등학교 교육과정에 대해 얼마나 잘 알고 있을까요? 또한 초등학교 교사는 누리과정에 대해 얼마나 잘 알고 있을까요? 김정숙, 장혜진(2015)의 유치원과 초등학교 1학년 교사를 대상으로 한 '상대 교육과정에 대한 이해 정도'를 조사한 결과에 따르면, 서로의 교육과정에 대해 잘 알고 있다고 응답한 비율이 유치원 교사는 10% 내, 초등학교 1학년 교사는 5% 내였습니다.

유치원의 누리과정은 무엇을 추구하며, 유치원에서 유아들은 무엇을 배우고 어떤 활동들을 하는지, 초등학교 교육과정의 목표는 무엇이며, 수업 시간이 어떻게 이루어지는지 등을 서로 공유해야 합니다.

이를 위해 각 기관에서 대표 교사가 교육과정에 대한 자료를 준비하여 안내하는 자리를 만들 수 있습니다. 또한 문서로만 이해하기보다 서로의 수업 현장을 참관하여 교육과정이 어떻게 운영되는지, 유아 및 어린이들을 교사가 어떻게 지원하고 있는지 직접 살펴보며 이해하는 시간을 가질 수 있습니다. 서로의 교육과정에 대해 공유하는 시간을 통해 현장에서 유아 및 어린이들을 지원할 방안과 더불어 연계교육에 대한 방향을 찾을 수도 있습니다.

이러한 시간을 통해 교사들마다 서로의 교육철학을 공유하면서 앞으로의 연계교육 방향을 설정하는 데에 도움을 주고받을 수 있습니다. 더불어 서로의 교육현장에 대해 이야기하는 시간도 가지면 좋습니다. 각자의 현장에서 힘든 점은 무엇인지, 어떤 점이 걱정되는지, 어떤 내용을 가르치고 있는지 등을 공유하는 것만으로도 서로의 교육과정, 교육현장을 이해하는 데 많은 도움이 됩니다. 유치원 교사는 초등학교에서 어떤 교육 활동이 이루어지는지 이해하여 유아 지도 및 학부모 상담 등에 이를 활용할 수 있으며, 초등학교 교사는 유치원에서의 교육 활동을 이해하여 학습자에 대한 이해를 높이고, 실제 국어와 수학 수업에서 적절한 지원을 할 수 있습니다.

김정숙, 장혜진(2015)의 또 다른 조사에 따르면 초등학교 입학 시 유아의 의사소통, 수학, 일상생활 측면에서의 준비 정도에 대해 7세 반 유치원 교사가 초등학교 1학년 교사보다 기대 수준이 높았습니다. 특히 수 세기, 한 자리 수 덧셈의 문항에서 각 교사가 기대하는 준비 정도 수준이 상대적으로 큰 차이가 났습니다. 유치원과 초등학교 교사가 서로의 교육 활동에 대해 공유할 수 있는 소통의 기회가 있다면 이러한 간극을 줄일 수 있을 것입니다.

(3) 유치원생 및 초등학생 발달단계 이해하기

서로의 교육과정에 대해 알았다면 연계교육의 대상인 유치원생과 초등학생에 대해서도 살펴보아야 합니다. 지적, 정서적, 사회적, 신체적 측면의 발달 특성에 대해 살펴보며 학습자에 대해 이해하는 시간을 갖고, 연계교육 시 어떤 점을 유의해야 할지 등을 알아봅니다. 이는 아동발달 관련 전문가를 초빙해 연수 형태로 진행하거나, 각 기관의 교사가 가르치는 아이들의 사례를 자료로 준비하여 나눌 수도 있습니다.

예를 들어 사회·정서 측면의 발달에서 이 시기 아이들이 보이는 특성은 자기중심적인 사고, 주도성, 인정 욕구, 또래에 대한 관심 등이 있습니다. 친구와의 갈등을 자신의 입장에서만 설명하는 경우, 주변의 친구에게 관심을 가지고 다가가며 함께 놀기를 즐기는 경우, 선생님과 친구들의 인정이 행동의 동기가 되는 경우 등의 사례를 바탕으로 이 시기 아이들의 사회·정서 측면 발달의 특성을 이해할 수 있습니다. 현장에서 이와 같은 사례를 접했을 때 유아들의 특성에 대한 이해가 뒷받침된 적절한 지원을 할 수 있습니다.

또한 지적 특성 중 언어·수학 측면에서 7세 유아와 초등학교 1학년 학생이 각각 어떤 특성을 지녔는지 알아보고, 이와 관련해서 각 기관에서 어떤 교육 활동이 이루어지고 있는지 사례를 공유하여 초등학교에서 처음 국어와 수학 교과를 접하게 될 아이들을 위한 유·초연계교육이 가능합니다.

(4) 유·초연계교육 실천 프로그램 구상하기

유·초연계교육이 무엇인지, 서로의 교육과정과 각각의 학습자에 대해 이해하는 시간을 가져보았다면 앞으로의 유·초연계교육에 대한 구체적인 실천 계획이 필요합니다.

연계교육의 방향과 프로그램 구성, 추가로 필요한 연수 등에 대해 이야기를 나누거나 새로운 것을 배우기 위한 만남뿐 아니라 자유롭게 의견을 이야기하는 시간을 보내는 것도 좋습니다. 서로 궁금한 점을 나누고 각자 다른 교실 속 이야기를 나누는 과정에서 유·초연계교육방향에 대한 아이디어를 얻을 수 있습니다.

〈 1년 학사 운영을 고려한 유· 초연계교육 실천 프로그램 예시 〉

예정 시기	내용
3월 3주	전통놀이 나눔 1
3월 4주	전통놀이 나눔 2
4월 3주	유치원 수업 나눔(수업참관, 유치원 교육과정 및 유치원생 이해하기)
5월 1주	초등학교 수업 나눔(수업참관, 초등학교 교육과정 및 초등학생 이해하기)
5월 3주	유 · 초 협력 프로그램 구상하기 1(유치원, 초등학교 각각에서 전통놀이 활동 적용 방안)
5월 4주	유 · 초 협력 프로그램 구상하기 2(적용 사례 나눔, 유 · 초 짝꿍반 활동 적용 방안)
6월 1주	유 · 초 짝꿍반 서로 만나 전통놀이 함께 한 소감 나누기 1
6월 4주	유 · 초짝꿍반 서로 만나 전통놀이 함께 한 소감 나누기 2
7월 3주	주제중심통합교육과정 연수
8월 1주	주제중심통합교육과정 현장 적용 방안 구상하기 1
8월 3주	주제중심통합교육과정 현장 적용 방안 구상하기 2
9월 4주	주제중심통합교육과정 현장 적용 소감 나누기
10월 2주	유 · 초 협력 프로그램 구상하기 3(유치원생과 초등학생이 함께 걸어보는 우리 동네)
10월 4주	'유치원생과 초등학생이 함께 걸어보는 우리 동네' 참여 소감 나누기
11월 1주	유 · 초 협력 프로그램 구상하기 3(유치원생, 초등학교로 초대하기)
11월 2주	유 · 초 협력 프로그램 구상하기 4(유치원생, 초등학교로 초대하기)
12월 1주	'유치원생, 초등학교로 초대하기' 참여 소감 나누기
12월 3주	학부모 연수 프로그램 구상하기
1월 1주	학부모 연수 프로그램 운영 소감 나누기

학부모 교육

아래는 신입생 학부모 연수에 참여한 학부모의 소감입니다.

'우리 아이 초등학교 적응시키기' 프로그램을 통해 유치원과 초등학교가 어떻게 연계되는지 알 수 있었고 초등학교 입학 준비 방법을 알게 되어 좋았어요. 10월쯤에 유치원에서는 7세 자녀를 둔 학부모를 대상으로 초등학교에 대해 궁금하거나 걱정되는 부분을 묻는 설문 조사를 했어요. 설문 조사를 바탕으로 11월에는 초등학교 1학년 학부모와 초등학교 1학년 담임교사가 유치원을 방문해 질문에 답을 해주는 행사로 학부모들의 궁금증을 해결해 주었습니다.

저는 특히 한글 교육을 거의 시키지 못해 아이가 학교 수업을 잘 따라갈지 걱정이 많았는데 선배 학부모와 초등학교 선생님이 해주는 말을 듣고 안심이 되었어요. 그리고 12월이 되니 입학할 초등학교에서 학부모들을 초대해 학교생활에 대해 안내를 해주었습니다. 1학년 교과서를 전시해 두고 학부모들이 살펴보게 하거나 교실 곳곳을 소개해 주시고 1학년 교육과정 일과시간을 자세히 설명해 주었어요. 입학 전 익혀야 할 생활습관이나 준비물도 상세하게 알려주신 덕분에 안심하고 아이를 초등학교에 보낼 마음의 준비가 되었습니다.

– 초등학교 입학을 앞둔 자녀를 둔 학부모 권○○

초등학교 입학을 앞둔 학부모들은 자녀가 초등학교에서 잘 적응할 수 있을지 걱정이 많습니다. 입학 후 아이가 경험하게 될 달라지는 환경에 대한 정보를 얻는 데 한계가 있기 때문입니다. 그래서 초등학생 자녀를 둔 주변 학부모에게 물어보기도 하지만 각 학교, 학급 실정에 따라 차이가 있어 객관적이고 정확한 정보를 찾기가 쉽지 않습니다. 따라서 예비 초1 학부모가 초등학교 교육과정에 대해 오해 없이 초등학교 생활에 대한 정보를 얻을 수 있도록 하기 위해서는 학부모 교육이 필요합니다.

학부모 교육을 운영할 때 시기와 방법은 학부모와 교사의 의견을 반영하고 연간 계획을 수립하여 지속적으로 이루어질 수 있도록 해야 합니다. 학부모 교육 프로그램은 다음과 같이 진행할 수 있습니다.

순서	학부모 교육 프로그램 명	내용
1	초등학교에 대해 궁금한 점 설문 조사	초등학교의 일과, 교우관계, 수업 등 궁금하거나 걱정되는 점 설문 조사
2	초등학교 1학년 학부모, 교사 만나기	1학년 학부모의 경험담 소개, 초등학교 1학년 담임교사 만나기
3	초등학교 1학년 교육과정 알기	등·하교 시간, 수업시간, 교과활동(교과서 소개), 하루 일과 소개
4	입학 전 익혀야 할 생활 습관 소개하기	양치, 급식, 손 씻기, 화장실 사용법, 안전교육, 친구 관계
5	입학 전 준비물 안내하기	기본 학습 및 생활에 필요한 준비물 소개

(1) 초등학교에 대해 궁금한 점 설문 조사

설문 조사를 통해 학부모들이 초등학교 입학에 대해 무엇을 궁금해 하고 어떤 정보를 얻기 원하는 지 파악할 수 있습니다. 설문조사는 교우관계, 학습, 생활 태도, 교육과정 측면으로 나누어 진행할 수 있습니다.

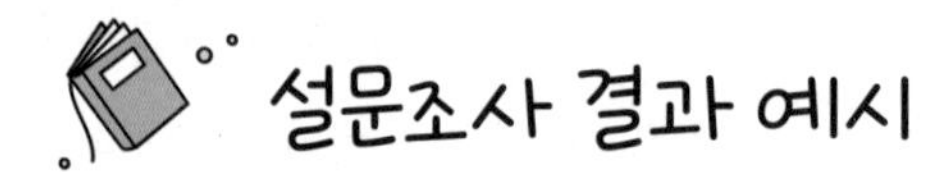

1) 교우관계 측면에서 가장 걱정되는 것이 무엇인가요?

- 다른 곳에서 이사 와서 친구와 친해지기 어려울까 봐 걱정이에요.
- 내성적인 아이도 친구들과 잘 어울릴 수 있을까요?

2) 학습 측면에서 가장 걱정되는 것이 무엇인가요?

- 한글 교육을 다 마치지 못했는데 학교 수업을 잘 따라갈지 걱정이에요.
- 수를 잘 세지 못해서 걱정이에요. 덧셈, 뺄셈을 할 줄 알아야 하나요?
- 시계를 잘 못 보는데 괜찮은가요?

3) 생활 태도 측면에서 가장 걱정되는 것이 무엇인가요?

- 자기 자리 정리를 잘하지 못할까 걱정이에요.
- 화장실에서 혼자 볼일을 볼 수 있을지 걱정이에요.
- 급식을 스스로 잘 먹을 수 있을까요?

4) 학교 교육과정 측면에서 궁금한 것이 무엇인가요?

- 시간표가 궁금해요.
- 어떤 과목을 배우나요? 교과서에는 어떤 것들이 있나요?
- 시험은 어떻게 보나요?

5) 기타 궁금하신 사항

- 화장실은 어떻게 생겼나요?
- 점심은 어떻게 먹나요?

(2) 초등학교 1학년 학부모, 교사 만나기

설문 조사를 통해 파악한 학부모들의 궁금증을 바탕으로 초등학교 1학년 학부모와 초등학교 1학년 교사가 응답해주는 형태로 이루어집니다. 이를 통해 초등학교 입학을 앞둔 7세 자녀의 학부모는 초등학교 준비에 대한 경험 및 정보를 듣고 앞으로 무엇을 준비해야 하는지 알게 되어 입학에 대한 걱정을 줄일 수 있습니다.

위 만남은 유치원에서 초등학교 입학을 앞둔 7세 자녀의 학부모, 초등학교 1학년 학부모, 초등학교 1학년 교사를 초대하여 간담회 형식으로 진행할 수 있습니다.

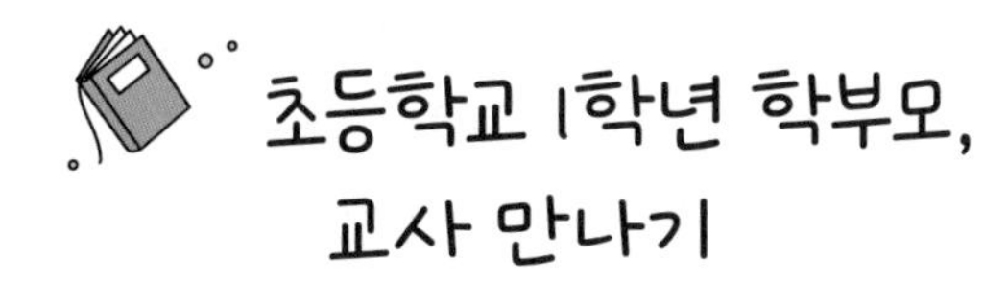

- 초등학교 교육과정은 어떻게 운영되나요?

아이의 학교생활 적응을 위해 규칙적인 생활습관 형성이 중요합니다. 정해진 등·하교 시간 지키기, 점심시간 동안 식사하기 등을 위해 입학 전부터 생활 습관을 규칙적으로 만들고 이를 지키는 연습을 해야 합니다.

또한 초등학교에서는 학년마다 점심시간이 정해져 있어 시간 안에 식사를 끝내야 하기 때문에 미리 연습하는 것이 필요합니다. 이를 통해 아이는 초등학교 생활에서 적응할 수 있는 힘을 기를 수 있습니다.

- 초등학교 하루 일과는 어떻게 운영되나요?

초등학교는 시간표대로 40분 수업 시간과 10분 쉬는 시간으로 나뉘어 있습니다. 수업 시간에는 책상에 앉아서 수업을 들어야 하고, 다른 활동을 하거나 돌아다닐 수 없습니다. 이를 위해 아이가 40분 내내는 아니더라도 정해진 시간 동안 바른 자세로 앉아 있을 수 있는지에 대한 확인과 연습이 필요합니다. 또한 수업 중 급하게 화장실을 가고 싶거나 모르는 게 있어 질문할 때 적극적으로 자신의 의사 표현을 하는 연습도 필요합니다.

● 초등학교 입학 전 무엇을 도와줘야 할까요?

학부모님들께서는 일반적으로 한글이나 수학 등의 학습적인 측면을 걱정하시는데, 사실 초등학교 1학년의 경우 학습 능력보다 기본적인 일상생활 능력, 의사소통 능력, 공감능력을 기르는 것이 중요합니다. 다시 말해 입학을 준비할 때 선행학습보다는 기본적인 생활습관 형성과 사회정서 측면의 발달을 위해 노력해야 합니다.

예를 들어 젓가락 사용하기, 필통 챙기기, 화장실 볼일 스스로 해결하기 등을 연습하면 기초 생활 습관 형성에 도움을 줄 수 있습니다. 또한 선생님과 친구들을 만나면 반갑게 인사하기, 상대방의 이야기 경청하기, 상대의 감정에 공감하기, 자신이 말하고 싶은 내용을 자신 있게 말하기를 연습하는 것이 필요합니다. 가족끼리 대화할 때 상대방의 말을 끝까지 귀 기울여 듣고 큰 소리로 자신의 의견을 이야기해 보거나 상대의 기분과 마음을 알아차리는 경험을 하게 해주세요. 의사소통 능력 및 공감 능력 등을 기르며 정서적인 측면을 발달시킬 수 있습니다.

● 초등학교 1학년의 특성은 어떠한가요?

초등학교 1학년 학생들은 유치원에서 학교에 입학하며 강한 호기심과 기대감을 가지고 있습니다. 교실에 있는 아이들의 모습을 살펴보면 다른 어느 학년보다 개개인의 특성이 다양합니다. 하지만 공통적인 건 대부분의 아이들이 적극적인 모습을 보인다는 것입니다. 또한 자기중심적인 사고를 하는 시기이므로 친구나 가족과 이야기를 하더라도 듣기보다는 자기 이야기를 하고 싶어 합니다.

예를 들어 생일 노래를 배우며 "생일이란 무엇일까요?"라는 질문을 들으면 "내 생일은 12월이에요." "우리 동생은 어제 생일이었어요." 등등 생일과 관련된 자신의 이야기들을 말하느라 교실이 소란스러워지곤 합니다. 주변 환경을 고려하지 않고 수업을 방해하고자 하는 것이 아니라 아이들에게는 머릿속에 떠오르는 내 생각이 중심이기 때문입니다.

마찬가지로 학교에서 다툼이 생겼을 때에도 아이들은 자신의 입장에서 속상하고 억울하다고 느꼈던 것을 중심으로 이야기하는 경우가 많습니다. 그럴 때는 속상한 아이의 마음을 먼저 공감해주며 일어난 일을 차례대로 사실 그대로 말할 수 있도록 하고, 주변 친구, 학부모나 특히 선생님을 통해 모든 상황을 듣고 난 후 판단하는 것이 좋습니다. 객관적인 사실 관계와 아이들이 주관적으로 느낀 상황이 다른 경우가 많기 때문입니다.

가족과의 대화를 할 때에는 상대방의 말이 다 끝난 후 말하도록 지도하고, 부모님도 아이의 말을 중간에 끊지 말고 충분히 말할 수 있도록 해주세요. 말 전하기 게임을 통해 상대방의 말을 정확하게 듣고 이해하는 훈련을 하는 것도 좋습니다. 관계뿐 아니라 학습에서도 경청은 매우 중요합니다.

(3) 초등학교 1학년 교육과정 알기

예비 초등학생 자녀를 둔 학부모를 초등학교로 초대하여 수업일수, 수업 시간, 교과 활동(교과서 소개), 일과 등을 소개하는 프로그램을 진행할 수 있습니다. 초등학교에 자녀를 처음 입학시키는 학부모들은 초등학교의 교육과정에 대한 정보가 부족하므로 이에 대한 정보 공유를 통해 불안감을 해소할 수 있습니다.

초등학교 1학년 교육과정 알기 예시

- 초등학교 생활은 잘 적응할까요?

수업 일수 : 연간 190일 이상(학교에 따라 차이가 있음)

수업 시간 : 1일 4교시 또는 5교시 / 40분씩 수업 / 연간 830-840 시간

등교 시간 : 오전 8시 30분 또는 40분(학교에 따라 차이가 있음)

교과 활동 : 교과(국어, 수학, 봄, 여름, 가을, 겨울),
창의적 체험활동(자율 활동, 동아리 활동, 봉사 활동, 진로 활동, 안전한 생활)

- 국어, 수학은 주 교과서이고 국어 활동, 수학 익힘은 보조 교과서입니다.
- 바른 생활, 슬기로운 생활, 즐거운 생활이 주제 중심으로 통합되어 봄, 여름, 가을, 겨울로 나누어져 있습니다.
- 자율 활동, 동아리 활동, 봉사 활동, 진로 활동은 공동체 생활에 필요한 기본 생활 습관을 형성하거나 특기와 재능을 탐색하고 발견할 수 있는 활동으로 구성되어 있으며 별도의 교과서는 없습니다.
- 안전한 생활은 일상생활과 재난 상황에서 접하게 되는 위험을 알고 안전하게 생활하는 방법을 익혀 위험을 예방하고, 위험 상황에서 대처할 수 있는 능력을 익힐 수 있도록 합니다.

(4) 입학 전 익혀야 할 생활 습관 소개하기

입학 전 자녀가 익혀야 할 기초 생활 습관을 안내 자료 형태로 배부하여 자녀에게 미흡한 부분을 확인하고 미리 연습할 수 있게 합니다. 가정에서부터 이루어지는 생활 습관이 초등학교 생활까지 자연스럽게 이루어지기 때문에 학부모와의 연계가 꼭 필요한 부분입니다.

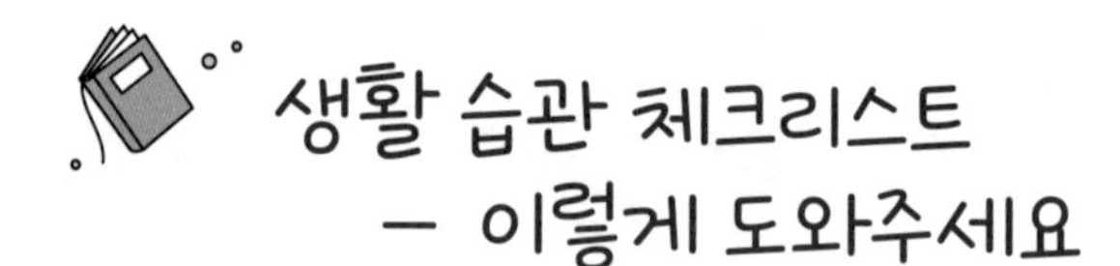

● 일찍 자고 일찍 일어나며, 세수와 양치는 스스로 하나요?

일정한 시각에 잠자리에 들 수 있도록 약속으로 정하고, 최소한 등교 시각 한 시간 전에는 일어나 등교 준비를 하도록 합니다. 초등학교에 입학하여 정해진 시간에 등교를 하는 것은 기본 생활 습관이자 꼭 지켜야 할 약속이기 때문에 입학 전 미리 연습을 하는 것이 좋습니다. 또한 학교에서는 급식을 먹은 뒤 스스로 양치를 해야 하기 때문에 양치하는 습관도 들여 주는 것이 좋습니다.

● 자리에 앉아 정해진 시간 안에 스스로 식사를 하며 골고루 먹나요?

학교 급식 시간과 같이 자리에 앉아 정해진 시간 동안 식사를 할 수 있도록 해야 합니다. 또한 스스로 급식을 먹어야 하므로 가정에서도 부모님의 도움을 받지 않고 스스로 숟가락, 젓가락을 사용할 줄 알아야 합니다. 성장하는 아이들에게 고른 영양소 섭취를 위해 채소, 생선, 소고기, 돼지고기 등 다양한 재료로 만든 음식이 나오기 때문에 가정에서도 골고루 먹기를 연습하는 것이 좋습니다.

● 화장실을 사용하는 방법을 알고, 이를 실천하나요? (노크, 휴지 사용법, 물 내리는 법)

학교마다 다르지만, 화장실에는 대부분 유아용 변기보다는 큰 일반 변기가 비치되어 있습니다. 유아 변기를 사용하던 아이라면 이에 적응하는 연습이 필요합니다. 또한 가정에서 비데를 이용하는 경우 휴지를 사용하여 뒤처리하는 방법을 모르는 학생이 많습니다. 학교에 비데가 설치되어 있지 않다면 입학 전 미리 휴지를 사용하여 뒤처리하는 방법을 연습해야 합니다. 공중 화장실을 이용하여 노크하는 법, 휴지 사용하는 법, 물 내리는 법 등을 자세히 알려주면 학교 화장실에서도 금방 적응할 수 있습니다.

● 바른 인사말을 사용하나요?

평소 친구들에게 먼저 인사를 하거나 어른들에게 인사를 하는 것을 어려워하는 친구들은 역할 놀이 등을 통해 인사를 주고받는 상황을 연습하는 것이 좋습니다. 또한 학교생활에서 상황에 맞게 '고마워!' '미안해!'라는 표현을 잘하면 친구들과 긍정적인 관계를 형성을 하는 데에 큰 도움이 될 수 있습니다.

(5) 입학 전 준비물 안내하기

예비 초등학교 1학년 학부모는 어떤 물건들을 준비해야 할지 알고 싶어 합니다. 전체적인 공통 준비물은 학교 차원에서 안내하고, 학급마다 다른 구체적인 준비물은 담임 선생님의 개별 안내 후 일주일 정도 준비하는 시간을 이용하여 마련하도록 합니다.

준비물 예시	
학용품	□ 종합장 1권 □ 10칸 공책 1권 □ 연필 5자루 □ 지우개 □ 소리가 나지 않는 필통 □ 사인펜 (12색) □ 색연필 (12색) □ 가위 □ 딱풀 □ 테이프
생활용품	□ 칫솔 □ 치약 □ 플라스틱 컵 □ 두루마리 화장지
청소용품	□ 미니 빗자루 세트 □ 물티슈
※ 모든 개인 물품에는 이름을 쓰세요.	

교사 연수

유·초연계에 대한 개념과 효과에 대해 알아보고, 필요성에 공감한다면 이를 교실로 확장하여 실제 교육활동으로 실현하는 것이 중요합니다. 교사가 유·초연계 프로그램을 구체적으로 실천하는 데 도움이 될 연수 분야를 추천합니다.

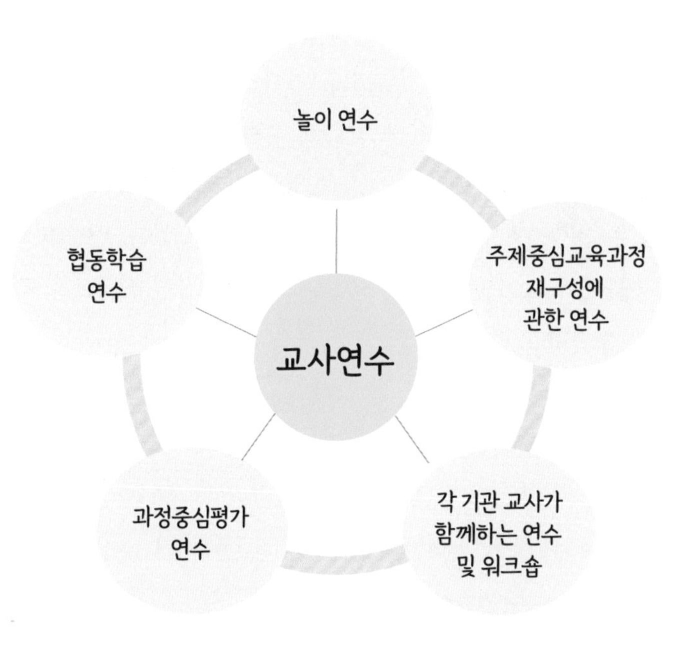

| 유·초 연계교육을 돕는 교사 연수 |

(1) 놀이 연수

유·초연계의 핵심 요소 중 하나는 바로 '놀이 중심 수업'입니다. 7, 8세 발달단계의 어린이에게 놀이 자체가 갖는 의미와 교육적 효과는 여러 번 강조해도 지나치지 않습니다. 학생이 자유롭게 선택하여 수행하는 놀이를 장려하는 누리과정과 연계하여 초등학교 1학년 수업에서도 학습 목표 도달을 위해 구성하는 각 학습 활동의 단계에 놀이를 적극적으로 활용할 수 있습니다.

초등교육에서도 이미 놀이에 대한 관심이 높고, 놀이 교육 연수와 놀이 중심 수업 연구 자료 및 사례가 많습니다. 교수학습 수단으로서의 놀이뿐 아니라 원만한 학급 운영과 친교를 위한 놀이 등을 엮어낸 놀이 책도 쉽게 찾아볼 수 있습니다. 이러한 자료와 연수에서 배운 놀이를 교실 상황과 학습 내용에 알맞게 적절히 활용한다면 '놀이'를 중심으로 유·초연계를 이뤄낸 교실을 운영할 수 있습니다.

또한 유치원과 초등학교 각 현장에서 활용하고 있는 놀이를 공유하고 전통놀이와 같이 함께 할 수 있는 놀이를 짝꿍반 활동으로 진행한다면 유·초협력 프로그램이 될 수 있습니다.

<관련 연수 후기>

"놀이를 활용하니 학생들이 수업 내용에 흥미와 관심을 보이고 수업 참여도가 높아졌습니다."

– 초등학교 교사 예♡♡

"교육놀이 연수를 통해 배운 놀이를 활용하니 입학한 지 얼마 안 되어 어색해했던 1학년 학생들 간의 친밀도도 높아지고 학습 분위기도 좋아졌습니다."

– 초등학교 1학년 교사 성○○

"놀이를 수업에 꾸준히 활용하니 학생들이 쉬는 시간보다 수업 시간을 기다립니다. 저학년 학생들에게는 놀이가 가장 익숙하고 즐겁게 배우는 방법임을 깨달았습니다."

– 초등학교 교사 장◇◇

"전통놀이 연수에서 배운 활동들을 초등학교 짝꿍반과 함께해 보았습니다. 함께 몸으로 체험하며 배우면서 너무 즐거워했습니다. 자연스러운 배려와 협력의 모습을 볼 수 있어 좋았습니다."

– 유치원 교사 홍□□

(2) 협동학습 연수

학교에서 지식 이외에 배우기를 기대하는 것이 있다면 사회성, 즉 더불어 살아가는 방법일 것입니다. 2015 초등교육과정의 핵심역량 중 하나가 공동체 역량일 정도로 교육기관 안의 단체 생활에서 협동은 매우 중요한 부분입니다.

원하는 활동을 원하는 친구들과 자연스럽게 모여 할 수 있었던 유치원과는 달리, 초등학교 수업에서는 모둠, 짝 활동 등 다양한 친구들과 함께 수행해야 하는 활동의 비중이 높습니다. 7-8세 어린이는 자기중심적 사고에서 점차 확장하여 공동체에서 함께하는 법을 배우기 시작하는 발달단계입니다. 갈등을 해결하기 위해 서로 다른 의견을 이해하고 조율하는 과정에 서툴 수밖에 없습니다. 이 시기의 아이들에게는 경쟁적 요소보다 협력적인 요소를 활용하여 학습 동기를 유발하는 것이 좋습니다. 따라서 협동학습으로 수업 속에서 긍정적 상호작용을 장려해야 합니다. 유치원에서도 이러한 연수를 통해 아이들에게 놀이 속에서 역할을 부여하거나 집단을 구성하여 함께 주어진 과제를 달성하게 하여 자연스럽게 협동이 일어나도록 할 수 있습니다.

<관련 연수 후기>

"저희 반 학생들은 경쟁심이 강한 편이라 다툼이 잦았습니다. 연수에서 배운 협동학습 내용을 중심으로 짝 활동 – 모둠세우기 – 학급세우기 활동을 수업에 적용했더니 함께 머리를 맞대어 학습과제에 열중하는 놀라운 모습을 볼 수 있었습니다."

– 초등학교 교사 이○○

"어떠한 조건 없이 무작위적인 모둠 구성을 하다 보면 협동적인 배움에 실패하는 모둠이 발생하곤 합니다. 학생 간의 관계를 고려하여 모둠을 구성하였더니 긍정적인 의사소통의 비중이 늘고, 협력적 의사결정이 수월해지는 효과가 있었습니다."

– 초등학교 교사 황♡♡

"아이들이 흥미에 따라 선택한 놀이 속에 힘을 합쳐 달성할 수 있는 목표 요소를 넣어 놀이를 지원하였더니 자연스럽게 서로 돕고 의견을 나누는 토의의 장이 펼쳐졌습니다."

– 유치원 교사 정△△

(3) 주제 중심 교육과정 재구성에 관한 연수

유·초연계의 또 다른 핵심 중 하나는 주제 중심 교육과정 운영입니다. 초등학교에서는 반드시 도달해야 하는 성취기준을 중심으로 교육과정을 재구성할 수 있습니다. 1, 2학년 통합교과의 경우 계절을 주제로 하여 바른 생활, 슬기로운 생활, 즐거운 생활이 성취기준 중심으로 재구성된 형태입니다. 통합교과뿐 아니라 국어, 수학 교과에서도 적절한 성취기준을 묶어 재구성하는 것이 가능합니다. 아이들의 생활 속에서 학습 소재를 찾고, 분절된 지식을 일방적으로 전달받기보다 경험을 통해 배울 수 있는 주제 중심 교육과정 연수를 권합니다.

또한 유치원생과 초등 1학년 학생들은 같은 시기의 발달단계에 속해 있어 생활 속 관심사가 겹쳐지는 부분이 많습니다. 생활 속에서 찾을 수 있는 공통 생활 주제를 선정해 누리과정과 초등교육과정 내에서 각자 어떻게 운영할 수 있는지 비교해 보고, 활동 아이디어를 공유할 수 있습니다. 예를 들어 봄이라는 공통된 생활 주제로 봄꽃을 관찰하여 그리기, 만들기로 감상을 표현하고 꽃을 찾아오는 나비의 모습을 신체로 표현하는 활동 등을 공유할 수 있습니다.

<관련 연수 후기>

"연수에서 배운 대로 아이들이 생활 속에서 접하기 쉬운 주제를 중심으로 1학년 국어, 수학, 여름과 안전한 생활을 성취기준 중심으로 재구성해 보았습니다.

여름에 주변에서 볼 수 있는 동물을 관찰하고 조사한 후(통합), 친구들 앞에서 관찰한 내용을 바른 자세와 목소리로 설명(국어)하였습니다. 여름 동물들의 다리 개수를 세어보며 수 게임(수학)을 할 때에는 특히 반응이 좋았습니다.

교과를 나누어 수업하지 않고 한 주제의 맥락에서 자연스럽게 활동이 연결되니 아이들이 친숙하게 받아들이고, 수업의 흐름을 놓치지 않고 적극적으로 참여합니다."

– 초등학교 교사 박♧♧

"초등학교의 교육과정을 잘 알지 못했는데, 유치원의 생활 주제 중심 활동들과 초등 통합교과를 함께 보니 공유할 수 있는 활동이 많았습니다. 계절, 친구 관계 등 아이들의 관심사와 흥미가 비슷해서 놀이나 표현활동의 아이디어를 공유할 수 있어서 좋았습니다."

– 유치원 교사 유□□

(4) 과정중심평가 연수

눈으로 보이는 결과에 점수를 매기는 것이 중요했던 이전의 평가와 달리, 오늘날 과정중심 평가는 학습자의 학습 과정에 초점을 맞춥니다. 이는 학습 과정에서 적절한 피드백을 제공해 학습 목표에 도달할 수 있도록 지원하는 것을 말합니다. 그러므로 초등학교에 입학하여 처음 시작한 학습에 어려움을 겪는 학생이 있다면 어떤 시점에서 어떤 형식으로 피드백을 제시하면 좋을지 고민해야 합니다.

<관련 연수 후기>

"갓 입학한 아이들을 데리고 평가를 진행한다는 것이 많이 부담스러웠습니다. 하지만 한 가지 결과물로만 아이들을 평가하는 것이 아니라 학습 과정을 살펴보고 학생에게 맞는 지도로 성취기준에 도달하도록 돕는 것이 학생에게도, 교사인 저에게도 큰 기쁨이 되었습니다."

– 초등학교 교사 김○○

"막연하게만 느껴지고 손에 잡힐 듯 잡히지 않는 과정중심평가가 좀 더 가까워진 계기가 되었습니다. 과정중심평가가 새로운 패러다임이 아니라 우리가 이미 교실에서 실행하고 있는 평가임을 알게 되었습니다."

– 초등학교 교사 우◇◇

"아이들을 점수로 줄 세우지 않고 각자의 특성과 속도에 맞게 피드백해 줄 수 있다는 점이 좋았습니다. 과정이 평가의 대상이 되니 저도 아이들도 수업에 임하는 태도가 달라진 것 같습니다."

– 초등학교 교사 차△△

(5) 각 기관 교사가 함께하는 연수 및 워크숍

유치원과 초등학교의 교사가 함께 모여 각자의 교육관과 철학, 유·초 연계를 바라보는 관점을 공유할 수 있는 모임을 정기적으로 마련하는 것이 필요합니다. 아래에 유치원과 초등학교 교사가 모여 유·초연계교육을 연구하는 모임의 사례를 소개합니다.

첫 만남 주제	유치원과 초등학교에 대한 사소한 질문들 - 유치원과 초등학교의 하루 일과, 시수 운영 - 아이들의 생활지도, 학습 지도 - 유치원, 초등학교에서 바라는 점 공유
두 번째 만남 주제	누리과정과 초등교육과정의 차이
세 번째 만남 주제	유치원 방문의 날, 초등학교 방문의 날에 하면 좋은 것

이러한 유치원과 초등학교 교사들의 연계로 문화 행사를 함께 하거나 서로의 교실을 방문하는 등 협력을 통해 더욱 폭넓은 유·초연계 교육을 이루어 낼 수 있습니다.

유치원 프로그램

"예전에 유치원에서 이런 책상에 앉아 본 적 있어요!
그래서 별로 힘들지 않았어요!"
초등학교 입학 첫날, 자리에 가만히 앉아 있는 것이 힘들지 않았냐는 질문에
수민이는 씩씩하게 대답했습니다.

대부분의 유치원에서는 10월경부터 초등학교 입학을 앞둔 7세 아이들을 위해 여러 준비를 합니다. 초등학교와 관련된 그림책을 읽기도 하고, 복도 및 계단에서 조용히 이동하는 연습이나 정해진 시간에 화장실에 다녀오는 연습을 합니다.

본격적인 학습을 위한 준비를 하기도 합니다. 수업 시간에 집중할 수 있도록 '이야기 나누기' 시간 늘리기, 자리에 가만히 앉아서 수업에 참여하기 등을 하며, 한글과 관련하여 본인 이름 읽고 쓰기, 편지 따라 쓰기 활동 등을 합니다. 느린 학습자의 경우에는 이처럼 한글에 자연스럽게 노출되는 것이 초등학교 입학 후 한글 학습에 큰 도움이 되기도 합니다.

유치원과 초등학교 생활에는 많은 차이가 있습니다. 초등학교에서는 낯선 생활에 적응하는 데 어려움을 겪는 아이들을 이해하고, 아이들에게 익숙한 환경을 제공하기 위해 노력해야 합니다. 유치원에서는 아이들이 초등학교 생활에 적응하는 데 도움이 되도록 달라질 생활을 미리 경험할 수 있는 기회를 제공하는 것이 필요합니다.

다음은 유치원에서 연계교육의 일환으로 어떤 프로그램을 운영할 수 있는지 실어두었습니다. 참고하여 프로그램 구상 시 도움이 되길 바랍니다.

(1) 기본 생활 습관 점검

초등학교 교육 목표 중 하나는 학생들이 올바른 기본 생활 습관을 형성하는 것입니다. 그래서 학생들이 해야 할 일을 스스로 해내도록 지도합니다. 예를 들어 유치원에서 꾸준히 해왔던 정리정돈, 양치질 습관을 바탕으로 초등학교에서도 자율적으로 주변 정리를 하고 내 몸을 깨끗하게 하는 올바른 습관을 형성하도록 합니다. 나 자신을 스스로 깨끗하고 단정하게 관리하는 연습은 무엇이 되었든 이후 초등학교 생활에 적응하는 데 큰 도움이 됩니다. 아이들이 생활 습관과 관련된 일은 스스로 할 수 있도록 격려와 지도가 필요합니다.

기본 생활 습관 예시
화장실 이용하기, 양치질하기, 정리정돈하기, 가방에 준비물 챙기기, 신발 신기, 신발주머니에 신발 넣기, 분리배출하기 등

(2) 감정 교육

학교에 오면 아이들은 새로운 공동체 생활을 하면서 다양한 관계를 형성하게 됩니다. 이때 아이들은 관계 속에서 자신이 느끼는 다양한 감정을 인식하되, 적절한 방법으로 표현할 수 있어야 합니다. 긍정적인 감정은 물론, 부정적인 감정을 적절하게 표현할 줄 아는 것이 관계 형성에서 매우 중요하기 때문입니다.

부정적인 감정이 잘못 표출되면 타인과 건강한 관계를 쌓는 데 큰 어려움을 겪습니다. 교실 속 갈등들의 대부분은 자신의 부정적인 감정을 미숙하게 표현하기 때문에 발생합니다. 그래서 자신의 감정을 상대방을 배려하며 솔직하게 표현할 방법을 배울 필요가 있습니다.

또한 자신의 감정을 아는 것은 자신을 이해하고 존중하는 방법 중 하나입니다. 평소에 자신은 어떨 때 행복하고 기쁜지, 또는 속상하고 화나는지 등을 인식하고 있으면 불편한 감정이 생길 때 금방 감정을 가라앉히고 차분하게 갈등을 해결할 수 있습니다.

자신의 감정을 알아채고 조절하여 표현하는 법을 배우는 감정 교육은 타인의 감정도 존중하고 공감할 수 있게 합니다. 평화 대화법 중 하나인 '행감바'를 소개합니다. 이는 상대의 행동으로 자신이 불편해졌다면 상대방에게 자신의 마음 및 요청을 부드럽게 표현할 수 있는 방법입니다. 상대방의 행동, 그로 인한 나의 감정, 바라는 점을 넣어 말하면 됩니다. "이건 내가 제일 아끼는 장난감인데, 네가 허락받지 않고 가져가면 기분이 나빠. 갖고 놀고 싶으면 나에게 물어봐 줄래?" 상대의 기분을 나쁘게 하지 않고 자신이 원하는 바를 부드럽게 표현할 수 있지요.

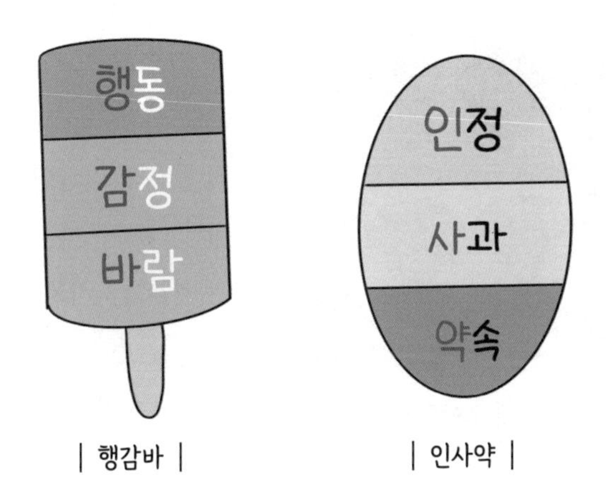

| 행감바 | | 인사약 |

(3) 교우관계 교육

학교는 작은 사회입니다. 학습 목표를 달성하는 것도 중요하지만, 그보다도 먼저 이루어져야 하는 것이 다른 친구들과 관계를 형성하는 것입니다. 학부모와 학생들도 이에 공감하기 때문에 초등학교에 입학하여 친구를 사귀는 것에 대한 걱정이 많습니다.

아이들이 학교생활을 하며 긍정적인 교우관계를 형성하기 위해 필요한 자세 및 방법과 더불어 올바른 의사소통 방법에 대한 교육이 필요합니다. 자기의 마음을 이해하고 표현하는 것, 친구의 의견을 경청하고 공감하는 것, 그리고 협력하여 문제를 해결하는 연습을 해야 합니다.(엄은나, 2006) 이는 위의 감정 교육과 맥락을 같이 합니다.

'배려', '존중' 등 긍정적인 교우관계 형성에 필요한 미덕 중심 인성 교육을 사례로 들 수 있습니다. 단순히 미덕의 사전적 의미를 알아보는 것이 아니라 구체적인 행동 예시를 살펴봅니다. 아이가 그와 관련된 행동을 했을 때 "네가 지금 친구에게 장난감을 먼저 사용하도록 양보해줘서 '배려' 가치 보석이 반짝반짝 빛나는 것 같아."라고 덕목과 연결 지어 격려해 줍니다. 그러면 아이도 자신의 행동을 다시 돌아보고, 앞으로도 그 가치 보석을 빛낼 수 있도록 스스로 노력하게 됩니다. 반대로 아이가 그 가치에 반하는 행동을 보인다면 "지금 이 상황에서 너에게 지금 필요한 가치는 무엇일까?"라고 물어만 주세요. 아이들은 이미 마음속에 답을 가지고 있습니다.

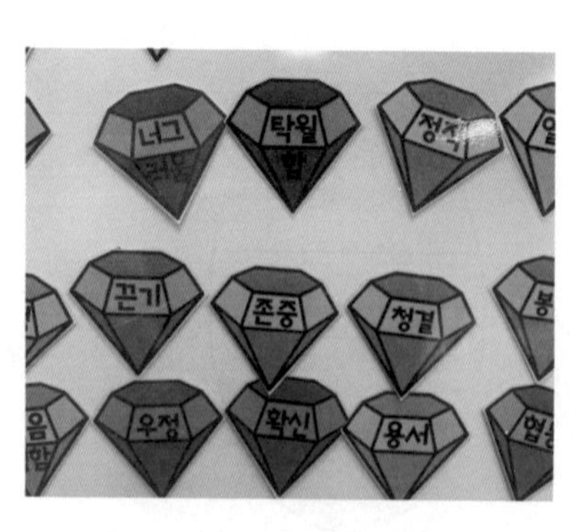

| 미덕 프로젝트 수업 활동 |

(4) 학습 적응 훈련

초등학교에 입학하면 본격적으로 공부를 시작합니다. 이때 학습에 필요한 기본적인 것들을 미리 준비하고 익힌다면 아이들이 올바른 학습 습관을 형성하는 데 도움이 됩니다.

구체적으로는 자리에 바르게 앉기, 연필 바르게 잡기, 필기도구 사용 방법, 수업 시간에 하고 싶은 말이 있으면 손 들고 기다리기 등을 미리 연습할 수 있습니다. 3월 입학초기적응교육기간에도 배우는 내용이기 때문에 부담 갖지 않고 학교에서 배울 내용을 미리 경험하는 데 의의를 두는 정도로 진행할 것을 권합니다. 학습 적응 훈련을 통해 초등학교에서 본격적으로 시작될 학습에 대한 마음의 준비를 할 수 있습니다.

(5) 학교 일과 적응 교육

초등학교와 유치원의 뚜렷한 차이 중 하나는 바로 일과 운영입니다. 초등학교는 주로 40분 수업, 10분 쉬는 시간으로 운영됩니다. 반면에 유치원은 수업시간과 쉬는 시간의 구분이 뚜렷하지 않고 비교적 자유롭게 운영됩니다. 입학 초, 아이들이 정해진 학교 시간표에 적응하기 어려운 이유입니다.

이와 관련해 유치원에서는 초등학교 입학을 앞둔 친구들을 대상으로 '초등학교 시간표대로 생활해 보는 날'을 운영할 수 있습니다. 등원 시간을 초등학교 등교 시간으로 정하고 수업 시간과 쉬는 시간을 분리하여 운영합니다.

이때 화장실은 되도록 쉬는 시간에 가도록 지도하고, 점심시간에 맞추어 적절한 속도로 점심을 먹는 등 초등학교 생활을 미리 체험하는 경험을 제공할 수 있습니다. 이를 미리 유치원에서 체험해 본 아이들은 초등학교에 왔을 때 비교적 익숙하게 초등학교 일과에 잘 적응할 수 있습니다.

(6) 교실환경 적응 교육

유치원과 초등학교 교실은 한눈에 봐도 많은 차이가 있습니다. 유치원은 놀잇감이 많고 교구장의 이동이 자유로우며, 좌식 생활을 해 놀이 공간을 충분히 확보할 수 있습니다. 반면 초등학교의 경우 놀잇감보다는 수업 교구가 대부분이며, 책상과 의자를 인원수만큼 구비하고 있습니다. 또한 교실 내에서도 실내화를 신고 생활하여 유치원보다 놀이 공간을 자유롭게 확보하기 어렵습니다. 즉, 초등학교 교실은 놀이 환경보다 학습 환경에 중점을 두었다고 이야기할 수 있습니다.

이러한 교육환경의 변화로 초등학교에 입학한 학생들은 낯선 환경에 적응하는 데 어려움을 겪기도 합니다. 놀이 공간이 충분하지 않다고 느끼기도 하고, 수업 시간에 자유롭게 이동하지 못하고 자신의 자리에 바르게 앉아 있어야 하는 상황이 학생들에게는 부담으로 느껴집니다. 이는 입학 전 학생들이 미리 달라질 교실 환경을 체험할 기회를 마련하는 것으로 적응을 도울 수 있습니다. 인근 초등학교에 견학을 가 초등학교 교실을 체험하거나 일시적으로 유치원 교실에 책상과 의자를 두고 연습을 할 수도 있습니다. 이뿐만 아니라 대전광역시의 꿈자람 교

| 대전광역시 꿈자람 교실 |

실처럼 교육청 차원에서 초등학교 교실을 체험할 수 있는 공간을 조성하여 제공할 수 있습니다.

또한 복도 통행 교육도 필요합니다. 대부분의 유치원과 달리 초등학교의 복도는 길고 넓습니다. 쉬는 시간에 여러 학생들이 복도에 나와 화장실을 가거나 다른 반 친구를 만나기도 합니다. 여러 학급이 복도를 함께 이용하기 때문에 안전사고의 염려가 있으므로 복도를 통행할 때 지켜야 할 규칙이 무엇인지 미리 이야기 나누는 것도 중요합니다.

초등학교 프로그램

유·초연계교육과 관련하여 초등학교 내에서 어떤 활동들이 이루어지는지 살펴보겠습니다. 놀이 및 체험 활동 중심으로 구성할 수 있고, 아이들의 생활 주제 및 경험을 바탕으로 활동들을 구성할 수 있습니다.

(1) 입학초기 적응 활동

아이들은 초등학교에 입학하고 첫 한 달 동안 적응 기간을 가집니다. 유치원 생활에 익숙한 아이들이 새로운 초등학교 생활에 잘 적응할 수 있도록 돕는 꼭 필요하고 중요한 기간입니다. 새로운 환경에 대한 적응을 돕는 것뿐만 아니라 여러 친교 활동을 통해 친구들과 어색함을 풀고, 기본 학습 규칙과 생활 규칙을 배우며 안정적인 학급 분위기를 형성할 수 있도록 운영합니다.

예를 들어 학습 규칙으로는 '자리에 바르게 앉기, 하고 싶은 말이 있으면 손을 들고 기다리기, 학습에 필요한 준비물을 수업시간 전에 미리 챙기기' 등을 정할 수 있습니다. 그리고 생활 규칙으로는 '놀욕때빼험따(놀리기, 욕하기, 때리기, 빼앗기, 험담하기, 따돌리기) 하지 않기, 본인 책상 및 사물함은 스스로 정리하기' 등을 정할 수 있습니다.

이때 40분 동안 자리에 가만히 앉아 있는 것이 아니라 아이들이 편하고 즐겁게 참여할 수 있도록 다양한 활동을 구성하여 진행합니다. 입학초기 적응 활동은 지역교육청 또는 각 학급마다 융통성 있게 운영됩니다.

세종시 입학초기 적응 활동 교재인 《오늘부터 1학년》의 주간학습계획표를 살펴보면 다음과 같습니다.

총 60차시의 활동들을 크게 3가지 항목으로 구분하여 교재를 구성했습니다.

1주차는 '학교와 친해져요'를 주제로 아이들이 초등학교 환경에 적응

| '오늘부터 1학년' 교재 표지 |

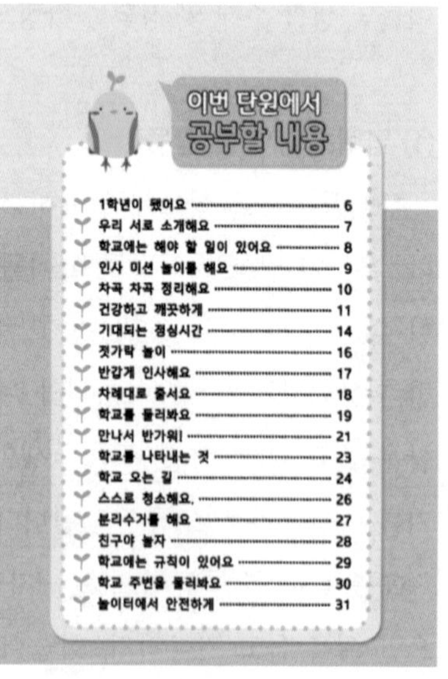

이번 단원에서 공부할 내용

| '오늘부터 1학년' 교재 1장 목차 |

하고, 2주차는 '친구가 좋아요'를 주제로 학급 친구들과 친해질 수 있도록 활동들을 구성하였습니다. 마지막으로 3주차는 '배울 준비가 됐어요'를 주제로, 본격적인 학습을 시작하기 전 준비할 수 있는 기초 한글 교육 및 수 감각 기르기 활동으로 교재를 구성했습니다.

'점심시간에 지켜야 할 규칙'을 주제로 한 활동을 예시로 소개하겠습니다.

관련 성취 기준	[2바01-01] 학교생활에 필요한 규칙과 약속을 정해서 지킨다. [2슬01-01] 학교 안과 밖, 교실을 둘러보면서 위치와 학교생활 모습 등을 알아본다.
학습 주제	점심시간에 지켜야 할 규칙 살펴보기
동기 유발	유치원에서의 점심시간 떠올려보기 - 유치원에서 점심 먹을 때 어떻게 했는지 서로 이야기 나누기
활동 1	학교 급식으로 어떤 음식이 나오는지 살펴보기 - 오늘 점심 메뉴는 무엇인지 함께 살펴보기 - 먹고 싶은 음식 붙임 딱지를 식판 활동지 위에 붙여보고 공유하기
활동 2	급식실에서 지켜야 할 규칙 알아보기 - 급식 받기 전, 급식 받는 중, 급식 실시 후로 나누어 각 상황에 필요한 규칙 안내하기
활동 3	급식 받는 연습하기(교실 → 급식실) - 교과서 위에 연필을 올려 떨어뜨리지 않고 교실 한 바퀴 돌기 - 급식실 직접 가서 살펴보기

점심시간에 지켜야 할 규칙들을 살펴보고 급식을 받는 연습을 간단한 놀이를 통해 익힐 수 있습니다. 아이들과 함께 규칙을 정하고 실천해 보는 것이 좋습니다.

학습 주제를 도입하기 전으로 유치원에서 점심을 먹을 때 어떻게 실시했는지 관련 경험을 공유합니다. 유치원마다 시설이 다르기 때문에 반 아이들의 이전 경험을 살펴봅니다.

첫 번째 활동으로 식단표를 함께 살펴보며 한 달 동안의 점심 메뉴를 알아보고, 표를 어떻게 보는지 안내할 수 있습니다. 이때 특정 음식에 알레르기가 있는 학생들에게 식단표에서 이를 확인할 수 있는 방법도 알려주면 좋습니다. 그리고 점심으로 본인이 먹고 싶은 음식을 붙임딱지를 이용해 활동지에 붙여 보며 공유하게 합니다.

두 번째 활동으로 급식실에서 지켜야 하는 규칙을 알아봅니다. 규칙을 안내하기 전 아이들에게 스스로 어떤 규칙이 필요할지 물어볼 수 있습니다. 이후 급식 받기 전, 중, 후로 나누어 상황별로 필요한 규칙들을 관련 사진과 함께 안내합니다.

세 번째 활동으로 급식을 받을 때 음식을 흘리지 않도록 식판을 평평하게 들어야 함을 교과서와 연필을 통해 체험합니다. 급식실에서 아이들이 식판에 음식을 받고 이동하다 보면 국물이 대부분 식판 여기저기에 흘러넘치고, 식판의 음식물들이 바닥에 떨어지는 경우가 많기 때문에 연습이 필요합니다.

수업을 마무리하며 직접 급식실로 이동해 규칙들을 연습해 보거나 수업 소감을 나누며 아이들의 학습 상황을 점검합니다.

(2) 유·초연계교육을 고려한 통합 교과 수업

통합 교과서만으로도 놀이 및 동적인 활동들을 많이 제시하고 있지만, 여기서는 통합 교과 성취기준과 유치원과의 연계를 함께 고려한 수업을 몇 가지 소개합니다.

① 봄에 만날 수 있는 동물 표현하기(2차시-80분 수업 기준)

관련 성취 기준	[2슬02-03] 봄이 되어 볼 수 있는 다양한 동식물을 찾아본다. [2즐02-03] 봄에 볼 수 있는 동식물을 다양하게 표현한다.
학습 주제	봄에 만날 수 있는 동물을 자유롭게 표현해보기
동기 유발	봄에 만날 수 있는 동물들 떠올려보기 - 관련 경험 공유하기
활동 1	학교 주변의 동물들 살펴보기 - 돋보기, 루페 등을 활용하여 동물 관찰하기
활동 2	동물들 표현하기 - 학교 주변에서 살펴본 동물들 공유하기 - 몸으로 동물 표현하기

유치원에서도 계절을 주제로 다양한 활동들이 이루어지는데, 그중 각 계절에 관찰할 수 있는 동물들에 대해서도 살펴보고 오는 경우가 많습니다. 초등학교 통합 교과 수업에 이를 고려하여 관련 경험을 상

기시키고 학습 주제인 '봄에 만날 수 있는 동물을 자유롭게 표현해보기'를 이끌어 낼 수 있습니다.

첫 번째 활동으로 학교 주변의 동물들에는 어떤 것들이 있는지 돋보기와 루페 등으로 직접 관찰합니다. 이때 그 동물을 어디서 발견했는지, 그 동물의 생김새, 움직이는 방법 및 모습 등도 관찰할 수 있도록 안내하면 좋습니다.

두 번째 활동으로 교실로 돌아와 학교 주변에서 살펴본 동물들에 대해 이야기를 나눕니다. 이후 동그랗게 둘러앉아 자신이 살펴본 동물들을 몸으로 표현합니다. 이 과정에서 동물들의 특징을 떠올려 아이들이 자유롭게 신체로 표현할 수 있고, 말로만 표현했던 것보다 실감나게 표현하여 아이들도 즐겁게 참여합니다.

오늘 학습했던 내용이 유치원에서 배웠던 내용과 어떤 다른 점이 있었는지, 활동 참여 소감 등을 이야기하며 수업을 마무리할 수 있습니다. 이를 통해 아이들은 초등학교의 학습 내용을 유치원과 자연스럽게 연결하여 배울 수 있습니다.

② 친구와 친해지기(2차시–80분 수업 기준)

관련 성취 기준	[2슬01-02] 여러 친구의 다양한 특성을 이해하고 친구와 잘 지내는 방법을 알아본다. [2즐01-01] 친구와 친해질 수 있는 놀이를 한다.
학습 주제	친구에 대해 알아보고 서로 한 걸음 다가가기

동기 유발	유치원에서 했던 놀이 떠올려보기 - 유치원 다닐 때 친구들과 놀았던 놀이 공유하기 - 친구들과 친해지는 방법 공유하기
활동 1	친구에 대해 알아보기 - 친구가 좋아하는 색깔, 동물, 음식 등을 질문하며 친구에 대해 알아보기 - 친구에 대해 묻고 답했던 것 공유하기
활동 2	친구와 함께 놀이하기 - 동그랗게 둘러앉아 '만나서 반가워' 놀이하기 - 놀이하며 좋았던 점, 아쉬웠던 점, 바라는 점 이야기하기

친교활동은 유치원에서도 많이 이루어집니다. 자유놀이 시간에 친구들과 함께 놀 수도 있고, 대·소집단 활동으로 주제에 맞는 놀이를 친구들과 함께 진행하기도 하지요.

이번 활동은 공동체 놀이를 통해 친구들에게 한 걸음 다가가는 시간이 되고, 자신의 취향과 비슷한 친구를 만나 앞으로의 교우 관계에 도움이 될 수 있는 차시입니다.

학습 주제로 들어가기 전, 유치원에서 친구들과 함께했던 놀이나 친구를 사귀는 자신만의 방법을 공유하면 좋습니다. 아이들은 저마다 친구 사귀는 자신만의 방법이 있습니다. 서로 그 방법에 대해 공유하며 그중 자신이 마음에 드는 방법을 새롭게 적용해 볼 수 있는 기회를 제공할 수 있습니다.

첫 번째 활동은 친구에게 궁금했던 것을 묻고 답하며 서로 알아가는 활동입니다. 두 명이 짝이 되어 진행해도 좋고, 여러 명을 자유롭게 만나며 물어보게 해도 좋습니다. 먼저 친구에게 물어보고 싶은 내용을 함께 이야기 나눈 다음, 친구에게 자유롭게 묻고 답하며 알아가는 시간을 가집니다.

| '만나서 반가워' 활동지 |

이때 그냥 서로 묻고 답하는 것만으로도 충분히 진행 가능하지만, 활동지에 관련 내용을 기록하게 해도 좋습니다. 글로 기록할 수 있는 친구는 글로 기록하고, 어려운 친구는 그림으로 대체하여 기록하게 합니다.

주어진 시간이 끝나면 함께 모여 어떤 내용을 서로 묻고 답했는지 공유하는 시간을 갖습니다. 친구들과 함께 공유하며 주어진 시간 동안 만나지 못했던 친구의 취향을 알 수 있고, 전체적으로 취향을 비교할 수 있어 아이들이 친구들을 탐색하고 앞으로의 교우관계를 형성하는 데에 도움을 줄 수 있습니다.

두 번째 활동은 친구와 서로 묻고 답했던 내용을 이용하여 '만나서 반가워' 놀이를 하는 것입니다. 이 놀이는 둥그렇게 앉아 진행되는데, 이때 술래 한 명의 의자는 빼고 진행합니다. 술래가 가운데에 서면 앉아 있는 친구들이 술래에게 "만나서 반가워."라고 이야기합니다. 그러면 술래는 "만나서 반가워. 내 이름은 ○○○야. 그런데 나는 ~한 친구가 더 반가워."라고 말하면 됩니다. 이때 친구의 특성을 활용하여 '~'에 들어갈 내용을 자유롭게 말하면 됩니다. 예를 들어 "안경을 쓴 친구가 더 반가워." "고양이를 좋아하는 친구가 더 반가워." "우리 반을 사랑하는 친구가 더 반가워." 등의 내용을 말할 수 있겠지요. 술래가 말한 내용에 해당하는 친구들은 자리에서 일어나 서로 자리를 바꾸고, 이때 술래도 비어 있는 자리에 앉을 수 있게 합니다. 자리에 앉지 못한 친구가 다음 술래가 됩니다.

놀이를 마치고 나서는 놀이 회의를 진행하면 좋습니다. 동그랗게 둘러앉아 놀이를 하며 좋았던 점, 아쉬웠던 점, 바라는 점 등을 한 명씩 돌아가며 이야기하면 아이들이 이번 놀이를 통해 느낀 점을 함께 나눌 수 있고, 다음에 비슷한 놀이를 할 때 이를 참고하여 더 나은 놀이를 할 수 있습니다. 또한 유치원에서 친구들과 놀았던 놀이와 비교하며 어떤 점이 비슷하고 달랐는지 서로 공유하며 유치원과 연결 지을 수도 있습니다.

③ 여름 날씨를 느끼며 물총놀이하기(2차시-80분 수업 기준)

관련 성취 기준	[2즐04-04] 여름에 할 수 있는 여러 가지 놀이를 한다.
학습 주제	여름 날씨를 느끼며 친구들과 물총놀이하기
동기 유발	유치원에서 여름에 했던 놀이 떠올려보기 - 친구들과 함께 했던 놀이 공유하기

활동 1	여름 날씨 특징 떠올리며 물총놀이 준비하기 - 여름 날씨 특징 떠올리기 - 물총 놀이할 때 주의해야 할 점 나누기
활동 2	친구와 함께 물총놀이하기 - 물총놀이하기 - 젖은 옷 갈아입기 - 좋았던 점, 아쉬웠던 점, 바라는 점 이야기하기

유치원에서도 아이들의 여름 생활과 관련된 활동을 진행합니다. 아이들은 자신의 경험에 대해 이야기할 때 흥미를 가지고 활발하게 소통하기 때문입니다.

이 활동은 학부모들의 도움을 받아도 좋습니다. 물총놀이를 할 때 아이들이 안전하게 참여할 수 있도록 교사 혼자서 지도하기는 어려움이 있기 때문입니다. 또한 물총놀이 후 아이들이 물에 젖은 옷을 갈아입을 때 도움을 받을 수 있습니다.

또한 물총은 실제 물총을 이용하거나 마요네즈나 케첩 통 등으로 대체할 수 있습니다. 그리고 물총놀이를 오랜 시간 동안 진행하면 아이들이 힘들어하거나 물에 젖은 옷으로 추위를 호소하는 아이들이 있기 때문에 시간을 적절하게 조정해야 합니다.

첫 번째 활동으로 지난 시간에 살펴보았던 여름 날씨 특징을 떠올려 이야기 나누고, 물총놀이를 준비합니다. 물총놀이를 하기 전 아이들에게 어디서 진행할 것이며, 주어진 시간은 얼마나 되는지, 끝나고 옷을 갈아입을 때 어디서, 어떻게 할 것인지 미리 알려줍니다. 또한 안전한 물총놀이를 위해 어떤 점을 주의해야 하는지 이야기를 나눕니다.

두 번째 활동은 운동장으로 이동하여 본격적으로 물총놀이를 시작합니다. 이때 교사는 아이들이 안전하게 활동할 수 있도록 항상 아이들을 주시합니다. 놀이가 끝나면, 탈의실이나 화장실로 이동하여 옷을 갈아입도록 합니다.

교실로 돌아와 물총놀이를 통해 느낀 좋았던 점, 아쉬웠던 점, 바라는 점 등을 이야기 나누며 마무리합니다. 유치원에 다녔을 때 했던 놀이 활동과 비교하여 좋았던 점, 앞으로 바라는 점 등을 이야기하며 유치원과 연계할 수 있고, 다음 차시 활동을 계획할 때 아이들의 대답을 참고할 수 있습니다.

④ 추석과 관련된 다양한 활동하기(2차시-80분 수업 기준)

관련 성취 기준	[2슬06-03] 추석에 대해 알아보고 다른 세시 풍속과 비교한다. [2즐06-03] 여러 가지 민속놀이를 한다. [2즐06-04] 가을 낙엽, 열매 등을 소재로 다양하게 표현한다.
학습 주제	추석과 관련된 활동 자유롭게 참여하기
동기 유발	추석에 대해 살펴본 내용 공유하기 - 추석 관련 내용 떠올리기
활동 1	추석 관련 활동에 자유롭게 참여하기 - 활동 방법 설명하기 - 주어진 시간 동안 자유롭게 관심 있는 활동들에 참여하기

활동 2	참여했던 활동 공유하기 - 활동 결과물 친구들과 나누기 - 참여 소감 나누기

이 활동은 추석의 의미와 세시풍속에 대해 살펴본 다음 진행하면 좋습니다. 아이들이 추석과 관련된 여러 활동을 자유롭게 선택하여 참여하는 수업이기 때문입니다. 유치원에서 이루어지는 자유 놀이 활동을 연계한 것이므로 학생들이 주도적으로 프로그램을 구성할수록 좋습니다. 반에서 구역을 나누어 진행하거나, 활동 공간이 부족할 경우 다른 반과 함께 진행하여 반을 부스처럼 운영할 수 있습니다. 가능하다면 강당이나 운동장과 같이 넓은 공간에 아이들이 자유롭게 영역별로 활동할 수 있도록 하는 것이 좋습니다.

먼저 지난 시간에 함께 알아보았던 추석은 어떤 날인지 짝과 이야기하게 합니다. 이 과정에서 추석의 의미와 세시풍속을 떠올리며 복습하고, 이번 학습 주제를 자연스럽게 도입합니다.

| 찰흙으로 차례 상 만들기 |

| 한복 종이접기 |

첫 번째 활동으로 추석을 주제로 아이들이 하고 싶어 하는 활동을 합니다. 지점토를 이용하여 추석에 먹는 음식을 만들거나 색종이로 한복을 접거나 가을 과일을 만들어도 되고, 민속놀이인 비석치기, 고무줄놀이 등을 할 수 있지요. 유치원의 자유놀이 운영과 같이 각 활동별로 정해진 시간은 없으며, 전체적으로 주어진 시간 내에서 자유롭게 활동을 선택하면 됩니다. 아이들의 활동 모습을 살펴보며 충분히 활동할 수 있도록 시간을 조정합니다.

두 번째 활동에서는 앞서 활동했던 결과물을 친구들과 공유하고 소감을 나눕니다. 자유로운 시간 운영 덕분에 아이들은 그동안 참여하고 싶었던 활동에 충분히 몰입하여 활동할 수 있고, 또 자유롭게 선택하여 활동할 수 있었기 때문에 훨씬 더 적극적으로 참여합니다.

(3) 유·초연계를 고려한 국어 교과 수업

놀이 중심인 누리과정과 연계한 쉽고 재미있는 수업을 통해 초등학교 1학년 학생들의 국어 수업에 대한 부담감을 해소할 수 있습니다. 또한 유치원에서 다루었던 소재나 주제를 고려하여 주제중심 수업을 진행할 수 있습니다. 유·초연계를 고려한 국어 교과 수업의 예는 다음과 같습니다.

① 몸으로 자음자, 모음자 만들기

| 손으로 'ㄱ' 만들기 |

유치원에서 몸으로 놀며 놀이를 통해 활동한 것처럼 초등학교에서도 학생들이 몸을 움직이며 배울 수 있도록 수업을 구성할 수 있습니다. 예를 들면 자음자와 모음자를 배울 때 손과 몸으로 글

자를 만들어 보며 글자와 친해질 수 있으며, 글자를 표현하면서 표현력을 높일 수 있습니다. 혼자서 만들 수도 있지만 모둠 친구들과 함께 만들며 협동 능력도 기를 수 있다는 장점이 있습니다. 자음자, 모음자 각각을 몸으로 만든 뒤에는 자음자와 모음자를 합쳐 글자를 만드는 놀이로 확장할 수 있습니다.

② 교육연극 '무궁화 꽃이 피었습니다'

평소에는 말도 잘하고 활발한 아이들이지만 수업 시간에는 자기표현을 하는 데 어려움을 겪기도 합니다. 특히 3월에는 어색한 친구들, 낯선 공간 때문에 자기 표현하는 것을 어려워합니다. 그래서 국어 시간에 교육연극을 통해 놀이하듯이 즐겁게 자기표현을 할 수 있습니다.

예를 들면 '무궁화 꽃이 피었습니다'라는 놀이를 변형하여 술래는 무궁화 대신 발레리나, 가수 등의 직업 이름을 넣거나 애벌레, 거북이, 토끼 등의 동물 이름으로 바꾸어 말합니다. 술래가 "토끼 꽃이 피었습니다."라고 표현한다면 나머지 아이들이 토끼 흉내를 내며 움직입니다. 그리고 술래가 뒤돌아보고 아이들 중 행동이 어색한 학생에게 "레디~ 액션!"이라고 외치면 그 동작을 해야 합니다. 나머지 규칙은 '무궁화 꽃이 피었습니다' 놀이와 동일합니다. 이러한 연극 놀이를 통해 학생들은 즐겁게 수업에 참여하며 상상력과 자기표현 능력을 기를 수 있습니다.

| 애벌레 무궁화 꽃이 피었습니다 |

③ 그림책을 활용한 국어 수업

유치원에서는 선생님이 그림책을 읽어주며 한글에 대한 노출을 늘리거나 관심을 갖게 합니다. 그림책의 주제와 관련된 놀이를 하기도 하지요. 이와 연계하여 초등학교에서도 국어 수업에서 학습 주제와 관련된 그림책을 통해 학생들의 동기를 유발하고 서로의 경험이나 생각을 나누는 시간을 가질 수 있습니다. 학생들은 글과 그림이 함께 있을 때 내용을 쉽게 이해하고 그림을 보며 상상의 나래를 펼칩니다. 이처럼 1학년에게는 그림책이 효과적인 교육 자료가 됩니다.

④ 주제 중심 수업 '신기한 곤충세상'

아이들은 살아있는 곤충이나 동물에 관심이 많습니다. 그래서 유치원에서도 곤충을 관찰하고 어떤 생활을 하고 지내는지 이야기를 나누는 활동을 많이 합니다. 초등학교에서도 이렇게 학생들이 관심 있는 주제인 '곤충'을 바탕으로 '신기한 곤충세상'이라는 주제중심수업을 운영할 수 있습니다.

첫 번째 활동으로 국어 교과의 읽기, 말하기 영역과 연계하여 곤충과 관련된 동화책을 읽고 자신의 생각과 느낌을 발표합니다. 두 번째 활동으로 책에 나온 곤충을 조사한 내용을 담아 나만의 곤충 미니북을 만듭니다. 세 번째 활동으로 통합시간과 연계하여 곤충 종이접기를 하는 것으로 프로젝트를 마무리할 수 있습니다. 학생들이 관심 있는 주제를 중심으로 교과를 재구성하면 학생들의 경험과 연계하여 재미있게 수업할 수 있습니다.

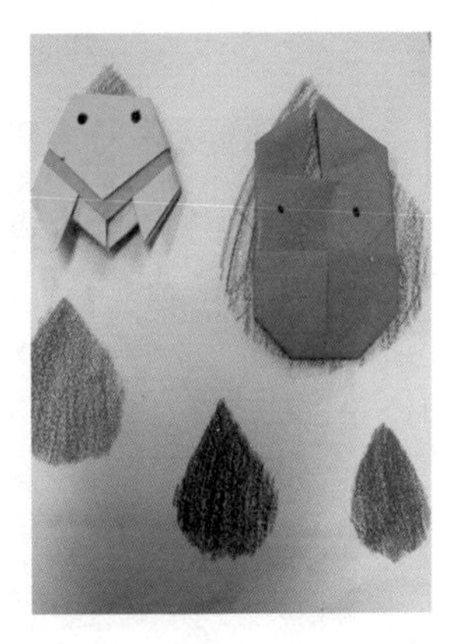

| 매미, 사슴벌레 종이접기 |

(4) 유·초연계를 고려한 수학 교과 수업

초등학교 1학년 학생들에게 수학 수업에서 등장하는 개념이나 원리는 추상적인 성격 때문에 어렵게 느껴질 수 있습니다. 이때 유치원에서 활용한 다양한 교구나 놀이를 활용해 수학 수업을 진행하면 학생들이 느끼는 어려움을 줄일 수 있습니다. 유·초연계를 고려한 수학 교과 수업의 예는 다음과 같습니다.

① 교구를 활용한 수 연산

수학 시간에 학생들의 수 감각 발달을 위해 다양한 교구를 활용합니다. 초등학교의 교구는 유치원과는 달리 학습적인 도움을 위해 사용하는 것이 많습니다. 예를 들면 초등학교 1학년 첫 수학 시간에는 1부터 9까지의 수에 대해서 배우는데 직접 만져보며 수 감각을 익힐 수 있도록 주로 수모형이나 연결큐브를 활용합니다. 색깔별로 하나, 둘, 셋 수를 세며 교구를 나열하면서 1부터 9까지의 수를 익힙니다. 이때 유치원과의 연계를 위해 유치원에서 주로 사용하는 몰펀이나 아이링고를 구입해 수업에 함께 활용하는 것도 좋습니다.

| 숫자 9 |

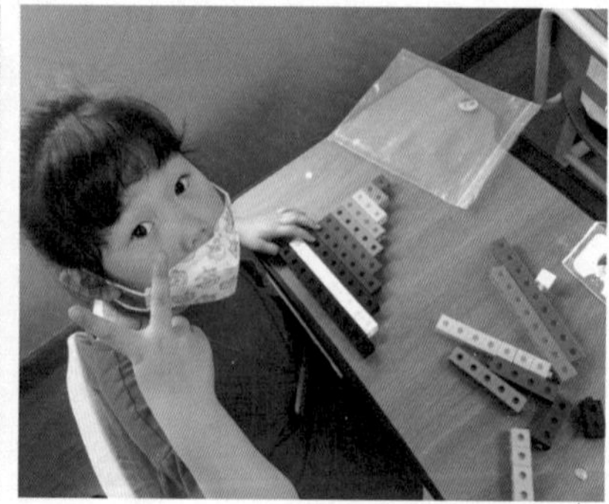

| 연결큐브로 1부터 10까지의 수 표현하기 |

② **놀이를 활용한 수학**

유치원에서는 패턴 블록이나 쌓기 나무 등의 놀이를 통해 자연스럽게 학생들이 수학에 재미를 느낄 수 있도록 합니다. 이와 연계하여 초등학교 교과서에는 매 단원마다 놀이 수학이 구성되어 있습니다. 교과서에 나와 있는 놀이 수학뿐만 아니라 차시마다 교사의 재량으로 놀이를 활용한 수학 수업을 구성할 수 있습니다. 예를 들면 수 세기를 배울 때 'O명 모여라' 활동을 통해 친구들과 함께 수에 맞게 모이는 놀이를 하거나 손으로 숫자를 표현하는 활동을 통해 수에 대한 흥미를 느끼게 할 수 있습니다.

③ **'주변에서 찾아요' 도형 수업**

유치원과 초등학교 교실에서 도형에 대해 알아보는 활동을 비슷하게 하고 있습니다. 유치원에서는 "교실 속에서 동그라미 모양이 어디 있는지 찾아볼까?"라고 교사가 물으면 "시계요." "얼굴이요." 등의 대답을 하며 공통점을 찾습니다. 이 활동은 초등학교 교과서에서도 비슷하게 구성되어 있습니다. 학생들이 입체도형을 배울 때, 생활 주변에서 비슷한 모양의 물건들을 찾아보도록 합니다. 공 모양, 상자모양, 기둥모양 등의 입체도형에 대해 배우면서 필통, 공, 지우개, 풀 등 교실 안의 모든 비슷한 모양의 물건들을 교실 한 가운데 모아와 관찰하고 분류합니다. 각 물건의 수를 세어보며 수와 연산 영역과의 연계도 가능합니다. 관찰한 바를 바탕으로 알게 된 공통점과 특징을 친구들에게 설명하며 수학적 의사소통 능력을 기를 수 있습니다.

| 교실에서 다양한 모양의 물건 찾기 |

유 · 초협력 프로그램

(1) 초등학교 견학

졸업을 앞둔 유치원생들이 초등학교에 견학하여 초등학교 교실과 각종 시설을 체험해 보고, 먼저 학교에 입학한 선배들에게 궁금한 점을 묻거나 대화를 나누는 행사입니다.

선배들의 안내에 따라 학교에 있는 시설물을 둘러보고, 보건실을 방문하여 간단한 보건 교육을 받습니다. 도서관 의자에 앉아 책을 읽거나 읽고 싶은 책을 빌리고 반납하는 방법을 배웁니다. 점심시간에는 급식실에서 초등학교 급식을 함께 먹습니다. 안내자와 조언자의 역할을 맡은 초등학생은 선배의 입장이 되어 자신감과 성취감을 얻을 수 있으며, 유치원생들은 초등학교 생활을 직접 체험해 보고 궁금하거나 걱정되는 점에 대해 이야기 나누며 막연한 걱정과 불안함을 해소할 수 있습니다.

견학 후에는 유치원에 돌아와 초등학교와 유치원의 다른 점과 같은 점을 떠올리며 달라지는 환경을 자연스럽게 받아들이도록 할 수 있습니다.

(2) 유치원 졸업생 간담회 및 인터뷰

유치원을 졸업한 초등학생이 직접 유치원에 방문하여 간담회 시간을 갖거나 궁금한 점을 따로 전달 받아 그에 대한 대답을 콘텐츠(영상편지 등)로 제작하여 보내주는 활동입니다. 주제 중심수업으로 통합교과 봄과 국어 교육과정을 재구성하여 운영할 수 있습니다.

수업 예시를 들자면 '동생들이 생겼어요'라는 생활 주제를 설정하고, 봄 교과의 '학교에 가면' 단원과 연계하여 학교시설을 탐구하고 관찰하여 특징을 찾아내도록 합니다. 국어 교육과정과 연계하여 학교 시설의 특징을 글로 써 정리하고, 정리한 것을 바탕으로 유치원에 직접 방문하여 올바른 자세와 목소리로 설명하거나 질문을 받아 대답을 해주는 간담회를 가집니다. 직접 방문하지 않고 설명하는 영상을 촬영하여 유치원 동생들에게 보내는 영상 편지로 제작하여 수업할 수도 있습니다.

유치원생의 초등학교 견학과 마찬가지로 초등학교 생활에 대한 궁금증과 걱정을 해소시킬 수 있으며, 아이들의 생활과 가깝고 흥미를 느낄 만한 주제로 교육과정을 재구성하여 진행할 수 있다는 장점이 있습니다.

(3) 문화예술행사 함께하기

7세와 8세가 같은 발달 단계에 속해 있고, 그 시기 아이들의 흥미와 이해도가 유사하므로 유치원과 초등학교에서 진행하는 문화, 체육, 과학·예술 행사를 함께 할 수 있습니다. 초등학생과 유치원 동생이 짝을 지어 봄, 가을 현장 체험학습을 함께 할 수도 있고, 살고 있는 동네를 살펴보는 마을 탐험을 함께 계획할 수도 있습니다.

과학 교과를 배우는 초등학교 중고학년의 경우에는 과학의 날 행사의 일환으로 각종 과학 원리를 체험할 수 있는 만들기, 실험 부스를 운영하는 경우가 많습니다. 이때 유치원 학생들을 초청하여 학교에서 열리는 행사를 체험하게 하고, 부스 프로그램 운영자인 초등학생에게는 동생들에게 과학적 원리를 설명하고 실험을 안내하도록 합니다. 이를 통해 서로에 대한 거리를 좁히고 동시에 자연스럽게 유·초연계 교육을 꾀할 수 있습니다.

초등학교와 유치원이 운동장과 강당 및 각종 교육시설을 함께 사용하는 경우, 운동회나 바자회, 학예회, 안전교육 프로그램(재난대피), 또는 스포츠클럽 활동 등을 합동으로 진행하는 경우도 있습니다. 그 외에도 교육과정에 있는 전래 놀이를 함께하기도 하고, 유치원의 자유놀이 시간과 초등의 중간 놀이 시간을 조정하여 놀이 시간을 공유함으로써 만남의 장을 열 수도 있습니다. 도서관으로 초대하여 아직 한글을 배우지 않은 유치원생에게 그림책 읽어주는 선배가 되는 독서교육 프로그램도 운영 가능합니다.

이처럼 유치원과 초등학교가 협력하여 선후배간 짝을 지어 교류를 할 수 있는 기회를 제공하며, 더불어 교육적 시너지를 낼 수 있는 행사는 아주 다양합니다. 짝이 되는 선후배를 고정하고, 의형제자매로 이름 지어 활동하게 하기도 합니다. 이러한 활동들이 가능하려면 교사들이 유·초연계 교육의 필요성을 공감하고 적극적인 소통과 나눔의 장을 마련하는 것이 무엇보다 중요합니다.

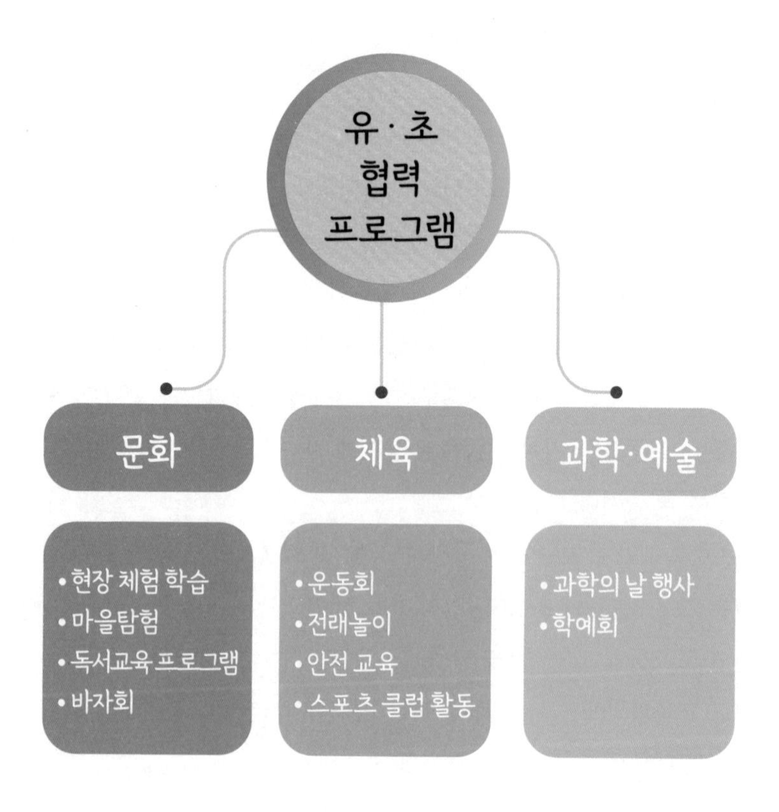

에필로그

"선생님, 학교가 재미있어요!

학교 오고 싶어서 월요일만 기다렸어요!

오늘은 뭐해요?"

학교가 재미있고 월요일을 기다리는 초등학생이라니, 동화 속에 나오는 이야기처럼 보이시나요? 1학년 담임을 맡았던 선생님이라면 분명 들어본 적 있으실 겁니다. 즐겁게 종알거리는 진짜 아이들의 목소리로요.

새로운 학교에 적응하는 기간을 거친 1학년 아이들은 '우리 반', '우리 학교'를 참 좋아합니다. 편안하고 안정된 마음이 바탕이 되어 새로운 경험에 도전하는 용기를 내고, 보고 듣는 모든 것들을 스펀지처럼 빨아들이며 배우기 시작합니다. 배우기를 즐거워하며 초롱초롱 빛나는 아이들의 눈빛은 1학년 선생님의 열정을 타오르게 하는 불씨입니다.

사실 고학년 아이들과 비교했을 때, 1학년 친구들이 주어진 목표에 도달하기 위해서는 보다 촘촘한 디딤돌들이 필요합니다. 하지만 넘어지지 않도록 놓아둔 디딤돌들을 하나하나 두드려가며 배움을 찾아가는 아이들의 모습이 그 수고로움을 잊게 만들지요. 선생님들의 웃음은 쉽습니다. 교실 속의 아이들이 행복하게 성장하는 모습을 보면 덩달아 얼굴에 미소가 번집니다.

유·초연계교육을 접하고 무엇보다 편안하고 즐거울 때, 또 재미있을 때 잘 배우는 우리 아이들이 생각났습니다. 아이들이 교실 속에서 즐겁고 편안한 마음으로 배우며 멋지게 성장하기를 바라면서 이 책 속에 담긴 고민들이 시작되었습니다. 생각한 바를 정리하고 연구해나갈수록 좋은 유·초연계 프로그램들을 보면 얼른 학급에 돌아가서 적용하고 싶은 마음이었습니다. 책을 쓰면서 가장 많이 했던 말이 "우리 반 아이들하고 같이 하면 참 좋겠다!"였으니까요.

이 책을 읽는 선생님들과 학부모님들 역시 같은 마음이실 거라고 생각합니다. 모든 것이 낯설 초등학교에서의 첫 한 해를 우리 아이들이 웃으면서 즐겁게 보내기를 바라시겠지요. 아이들이 자신 있고 행복하게 배울 때 교사로서 함께 행복하고, 이러한 아이들의 행복이 가정으로도 이어지기 때문입니다.

아무리 좋은 자료나 연수도 직접 교실 속에서 교육을 실현하는 선생님만큼, 아이를 위해 애쓰는 학부모님의 마음만큼 대단하지는 않습니다. 저희가 공부한 바를 나누는 것이 작게나마 도움이 되어 선생님의 교실과 학부모님의 가정에서도 웃음꽃이 피어나기를 바랄 뿐입니다. 아이들의 눈높이로 몸을 낮추려 늘 배움의 자리에 계시는 선생님들과 가정에서 무한한 사랑을 쏟는 학부모님들께 존경을 보냅니다.

참고문헌

교육부, 보건복지부, 《2019 개정 누리과정》

교육부, 보건복지부, 《2019 개정 누리과정 해설서》

교육부, 《2015 개정 초등교육과정》

교육부, 《2015 개정 초등교육과정 해설서》

최일선, 조운주, 안애경, 유은지, 《유·초 연계교육 바로 알기》, 창지사, 2016.

문재현, 김미자, 윤재화, 임오규, 권옥화, 《동생아, 우리 뭐 하고 놀까?》, 살림터, 2019.

뿌리깊은유치원교사연구회, 《유치원 학급운영 어떻게 할까》, 사람과교육, 2018.

정유진, 정나라, 《놀이로 풀어보는 유치원 학급운영》, 교육과실천, 2019.

곽노의, 김창복, 이신영, 《유아교육기관과 초등학교의 연계교육》, 창지사, 2020.

김창복, 《7차 교육과정과 창의성 교육. 창의성 교육 직무연수 교재》, 서울교육대학교 부설 초등교육연수원, 2008.

박채형, 《 초등학교 통합교과 교육과정의 변천 》, 한국통합교육과정학회, 2012.
고은영, 김윤희, 이일주, 〈 유·초 연계에 대한 유아교사와 초등학교 교사, 학부모의 인식 및 개선방안 모색 〉《 포괄영유아아동교육지원연구 》(3권 1호), 한국포괄영유아아동교육지원학회, 2015.
김정숙, 장혜진, 《 유치원·어린이집과 초등학교의 연계 현황과 강화 방안 》, 육아정책연구소, 2015.
양지애, 이정욱, 《 유치원 교사를 위한 유초연계교육 교사연수 프로그램 개발 》, 한국영유아교원교육학회, 2018.
세종시교육청, 《 오늘부터 1학년 》, 세종시교육청, 2021.
대전광역시교육청, 《 꿈자람 행복동행 》, 대전광역시교육청, 2020.
Belsky & Mackinnon, "Transition to school; developmental trajectories and school experience", Early Education & Development, 5(2), 106–119, 1994.
엄은나, 《 유아의 의사소통 능력 향상을 위한 프로그램 구성 및 적용효과 》, 중앙대학교 박사학위논문, 2006.
박진이, 《 유치원 만 5세와 초등학교 1학년 수학수업에서 나타나는 연계의 모습 》, 덕성여자대학교 박사학위논문, 2017.
박현수, 《 2019 개정 누리과정과 2015 개정 초등학교 교육과정 연계성 분석 》, 광주교육대학교 교육대학원 석사학위논문, 2021.
지성애, 〈 발달적 모델 중심 유치원–초등학교 연계교육 프로그램 개발 〉《 유아교육학논집 》(13권, 4호), 한국영유아교원교육학회, 2009.
이완정, 김미나, 〈 유·초연계의 중요성에 대한 초등 1학년 교사의 인식이 학습자중심 수업활동을 매개로 아동의 학교적응에 미치는 영향 〉《 한

국보육지원학회지 》(15권 4호), 한국보육지원학회지, 2019.
장혜진, 김정숙, 임준범, 《누리과정 연계성 분석 – 초등학교와의 연계를 중심으로》, 육아정책연구소, 2014.
최일선, 조운주, 《유·초 연계의 일환으로 초등학교 입학준비 및 지원에 대한 교사와 학부모의 인식》, 육아정책연구소, 2016.

EBS, 〈세계의 교육현장 – 핀란드의 유치원 교육: 잘 놀아야 공부도 잘한다〉, 2010.

가깝고도 먼 일곱 살과 여덟 살

2021년 12월 13일 초판 1쇄 발행

저자 김주현, 박효원, 장보현, 황초원

교정·윤문 전병수
발행인 전병수
편집·디자인 배민정
발행 도서출판 수류화개
등록 제569-251002015000018호 (2015.3.4.)
주소 세종시 한누리대로 312 노블비지니스타운 704호
전화 044-905-2248
팩스 02-6280-0258
메일 waterflowerpress@naver.com
홈페이지 http://blog.naver.com/waterflowerpress

값 14,000원
ISBN 979-11-92153-01-8 (03370)